「青马」奋蹄

山东大学成仿吾英才班「小青马」成长记 第一卷

王韶兴 刘明芝 主审
张熙 马晓琳 主编

山东大学出版社

《“青马”奋蹄》编委会

前　言

为贯彻全国高校思想政治工作会议精神和习近平总书记系列重要讲话精神，落实中共中央、国务院印发的《关于加强和改进新形势下高校思想政治工作的意见》，山东大学于 2017 年 7 月 7 日成立成仿吾英才班，为新时代非马克思主义专业的优秀本科生进一步接受马克思主义基本理论和实践技能学习提供校级特色发展平台。山东大学成仿吾英才班的成立是充分发挥山东大学马克思主义理论学科优势，推动“全国重点马克思主义学院建设”及“青年马克思主义者培养工程”的重要举措。

成仿吾英才班将理论教学、实践教学和个性化教学有机结合，融入了基层锻炼、交流访学、人文育人等形式，引导学生将学习、体验、实践、思考紧密结合，用正确的立场分析问题，用科学的方法解决问题；启发学生用“马列之光照亮人生道路”，在体悟中认识真理，在学思中知行成长。

“非学无以广才，非志无以成才。”老马识途，理论教学邀请专家学者与“小青马”们面对面交流，传道、授业、解惑。

“学道需当猛烈，始终确守初心。”青马奋蹄，实践教学过程中，师生们前往井冈山等革命圣地追寻先烈足迹，牢记初心。

“纸上得来终觉浅，绝知此事要躬行。”马到成功，仿吾求知社“知行合一”，将心中的马克思主义与实际相结合，传播正能量。

成仿吾英才班作为校级特色人才培养试点班，力求以青年人的视角和思维观察新变化、体会新时代、解读新问题、理解新理念，旨在用青年人喜闻乐见的方式讲述新时代理论、畅谈中国梦。通过一系列的主题活动，以打造高校引导学子学习和研究习近平新时代中国特色社会主义思想的文化品牌为目标，为培育能担当民族复兴大任的时代新人贡献"山大智慧"，树立"山大典范"。

青年兴则国家兴，青年强则国家强。集才俊翘楚，建青马工程，这既是向山大先贤成仿吾老校长的致敬，也是早日实现建成世界一流大学"山大梦"的重要举措，更是新时代为实现中华民族伟大复兴"中国梦"而贡献的山大力量。恰同学少年，风华正茂，取精神之精华，集信仰之大成，这就是山东大学成仿吾英才班的宗旨！

时光荏苒，岁月如梭。转眼间，成仿吾英才班已经1岁了。回想起开班式上同学们那一张张笑脸，恍如昨日。流逝的是时间，留下的是知识和对真理执著追求的态度。一年中，"小青马"们成长着，将他们的所思、所想、所感化为激昂的文字。

目　录

上篇　青·察

新时代青年马克思主义者的使命担当
——党的十九大报告对外语学习者的启示 …………………… 丁嘉琪(3)

关于国家监察体制改革的若干问题探究 ………………………… 宋梓洺(8)

马克思主义中国化历史逻辑视域下“新时代”实探 ………………… 刘凯然(18)

文化自信之见
——学习党的十九大报告有感 …………………………………… 孔欣茹(24)

十九大有感之浅谈民生 ………………………………………………… 张明惠(28)

化学“小青马”学习十九大报告的一点体会 ………………………… 肖笑园(31)

提升文化自信　助力中华民族的伟大复兴 ………………………… 陈中午(35)

从新时代大学生理解中国自信角度学习十九大精神 ……………… 孙　潇(40)

试析能源生态与美丽中国
——学习党的十九大报告心得 …………………………………… 曲　鹏(43)

中篇　青·思

以青年心筑中国梦
——从十九大看青年与"初心" …………………………………… 熊声悦(51)

没有英雄,我们就是出路
——致每一位奋斗中的新青年 …………………………………… 徐　洋(55)

我们前进的道路铺满阳光 …………………………………… 许博涵(58)

初心未改,使命犹在
——习近平新时代中国特色社会主义思想指引下青年个人理想与中国梦的融合
…………………………………… 解梦华(61)

青年人充满阳光,中国更有力量 …………………………………… 陈门迪(65)

沧桑虽经数千年,愿你归来仍是少年貌 …………………………………… 孙彧炜(69)

新时代,当代青年该何去何从?
——学习十九大报告感想 …………………………………… 亓文豪(73)

我愿做远方忠诚的儿女
——不忘初心,牢记使命 …………………………………… 赵　宸(79)

十九大之于我 …………………………………… 闫兆璋(83)

崭新时代正当时,有为青年须明志 …………………………………… 李文靖(86)

青年!你当永葆初心,背负使命 …………………………………… 王昊晨(89)

心怀梦想,脚踏实地
——读党的十九大报告有感 …………………………………… 王宇辰(92)

不忘初心,砥砺前行 …………………………………… 谢文玲(96)

"淘金"十九大 …………………………………………………… 高志民(100)

青年强则国家强
——兼论"小青马"的责任与使命 …………………………… 刘德志(105)

下篇 青·感

五四遇上九九 …………………………………………………… 孙文菊(113)

新青年之时代责任
——结合现代性虚无主义话语分析 ………………………… 李好男(115)

我们为什么要"红" ………………………………………………… 郭胜豪(118)

新时代随想,"青马"化学人的结业随笔 ……………………… 刘振松(121)

从当代社会主义视野评中国青年马克思主义者的挑战与机遇 …… 王 颢(128)

附 录

附录一 山东大学成仿吾英才班大事记
——理论教学 ………………………………………………………… (135)

附录二 山东大学成仿吾英才班大事记
——实践教学 ………………………………………………………… (138)

附录三 山东大学成仿吾英才班大事记
——社团活动 ………………………………………………………… (141)

后 记 ………………………………………………………………… (143)

2017 年 7 月 7 日，山东大学成仿吾英才班开班式

2017 年 7 月 7 日，山东大学成仿吾英才班开班式

2017 年 8 月 17 日，在井冈山革命博物馆

2017 年 8 月 17 日，在井冈山革命烈士陵园

2017 年 8 月 18 日，在井冈山黄洋界

2017 年 8 月 18 日，在井冈山黄洋界

2017 年 8 月 19 日，在小井红军烈士墓

2017 年 8 月 19 日，在全国青少年井冈山革命传统教育基地

参加“学编红军草鞋”活动

2017 年 8 月 20 日，在井冈山大井村毛泽东故居

2017 年 8 月 20 日，在井冈山步云山练兵场

2017 年 12 月 10 日，山东大学仿吾求知社在仿吾学堂
举行“青马有约”系列活动第一期

2018 年 1 月 26 日，成仿吾英才班青年宣讲团赴山东省实验中学东校区，
进行主题为“新时代，有点潮”的宣讲活动

2018 年 1 月 29 日至 31 日，山东大学成仿吾英才班青年宣讲团赴滨州医学院烟台附属医院，举办主题为“十九大，有点潮”的宣讲活动

2018 年 5 月 12 日，成仿吾英才班学员受邀参加“马克思主义与青年使命主题论坛暨山东省马克思主义理论社团研讨峰会”

永远跟党走!

上篇　青·察

山东大学成仿吾英才班作为培养未来领导人才的校级特色试点班，一直走在弘扬主旋律、传播正能量的前列。党的十九大召开之后，成仿吾英才班的“小青马”们以“青年观察员”的身份积极投入到了学习、宣传、研究习近平新时代中国特色社会主义思想的行列中，彰显出了青春建功新时代的蓬勃热情。

“小青马”们立足经济、信息、外交、历史、医药、化工、外语等不同视角，通过用文字共话十九大的方式感我所想、抒我所见，对习近平新时代中国特色社会主义思想形成了全方位、多层次、宽领域的认知。在一篇篇文章中，他们或钩沉百年历史，论述党的领导与历史转折的必然规律；或内察自我，探寻时代发展与青年成长的交织相融；或纵横捭阖，勾勒伟大梦想与中华复兴的宏伟蓝图。

让我们品读这些用青春芳华和爱国之心激扬起的文字，跟随青年马克思主义者的脚步，一起洞察新形势、感知新变化、追求新发展。

新时代青年马克思主义者的使命担当

——党的十九大报告对外语学习者的启示

丁嘉琪*

摘要：党的十九大报告中所提到的“中国梦”，一定与你我向往的“山大梦”环环相扣，和你我追求的“人生梦”息息相关。本文从外语学习者的视角出发，从外语人才与“一带一路”、外交心态与构建人类命运共同体这两方面展开论述，由此提出对青年马克思主义者历史姿态的有关思考，让党的十九大精神在青年学生的心中落地、扎根、开花、结果。

关键词：新时代　青年马克思主义者　外语学习

一、外语人才与“一带一路”建设

“一带一路”建设的核心是政策沟通、设施联通、贸易畅通、资金融通、民心相通。而不同国家和民族的交往、沟通、合作乃至竞争都必须以语言互通为前提[①]。因此，国家的顶层设计与外语学习者息息相关。

在“一带一路”建设背景下看外语教育的供给侧结构性改革，我们需要

* 作者为山东大学成仿吾英才班第一期学员，山东大学外国语学院2016级本科生。

① 沈骑：《“一带一路”倡仪下国家外语能力建设的战略转型》，《云南师范大学学报》(哲学社会科学版)2015年第5期。

什么样的外语人才？

第一，多语种。双语翻译已经不能满足我们的需求，“英语＋非通用语种”复合型的多语种翻译成为发展趋势之一。目前山东大学外国语学院“小语种＋英语”和“英语＋第二外国语”的教学设计就顺应了语言服务行业的趋势。第二，多类型[①]。“一带一路”沿线经过了多个国家和国内的一些少数民族地区，学习维语、蒙语、藏语的重要性也随之凸显了出来；国家的战略也是全民的事业，翻译同样需要关怀聋哑人、盲人、因病残疾的人，为他们提供语言服务。第三，全方位。语料库的建设、舆情的分析、语言信息的分析、语言的治疗与康复等这些不同层次的内容，都是翻译需要做的工作[②]。

当我们在谈论外语翻译时，我们应该涉及什么？

在“一带一路”建设的背景下，翻译的概念有待更新。

从“基础”与“灵魂”两个角度出发，我们可以重新定义翻译。从基础方面而言，翻译就是打破语言的界限，让人们能够正常地交流，进而有更深层次的合作。从翻译的基础性出发，一位真正的翻译专家也一定是一位学术上的杂家，优秀的翻译需要丰富的学识和宽广的见识。因此，作为一名外语学习者，首先要做的就是认认真真学习专业语言，踏踏实实了解历史文化，让学习的深度决定发展的高度。从灵魂的角度而言，翻译是在懂得一方心意后对另一方进行可领悟性转换。翻译的中转性作用，不仅是在传达语言，更是在传递心声。在“一带一路”建设的视野中，“国之交在于民相亲，民相亲在于心相通”。因此，当今外语人的事业是为实现“一带一路”建设的最高境界“民心相通”做出贡献。[③]

在“一带一路”建设背景下，翻译的理念有待转变。

如今“互联网＋”的理念已经深入到日常生活中，同理，在外语上，我们

---

① 参见仲伟合：《“一带一路”企业语言服务与MTI教育供给侧改革》，“一带一路”与MTI教育高峰论坛主题演讲，2017年9月16日。

② 参见仲伟合：《“一带一路”企业语言服务与MTI教育供给侧改革》，“一带一路”与MTI教育高峰论坛主题演讲，2017年9月16日。

③ 参见沈骑：《“一带一路”倡仪下国家外语能力建设的战略转型》，《云南师范大学学报(哲学社会科学版)》2015年第5期。

可以提出一种“翻译＋”的理念。“翻译＋”是抛开“翻译是基础辅助性工具”的传统想法，创新性地把它作为改变生活的一种方式。“翻译＋”是让翻译创造新的发展生态，提升全社会的创新力和生产力。①

学习外语翻译，应该培养自己什么样的心态与情怀？

小的时候，我对翻译的理解是做傅雷、杨绛一样的翻译家；上大学以后，我对于翻译的理解又或是在图书馆里找到的外文中译本。今天，在“一带一路”的背景下，翻译不止于此：小语种语言需要翻译，少数民族的语言需要翻译，手语、盲文等帮助残疾人接触完整世界的一切语言同样需要翻译……发散到一个更抽象、更感性的视角，其实我们把每天的所思所想转化为所行所动，这都是翻译。因此，翻译会使人思想不断加深、思维不断灵活、视野不断开放、心态变得包容，这既是翻译无止境的理念对人无形的润泽作用，更是在国家“一带一路”建设中每个外语人需要具有的敏锐眼光、开放心态和博大胸怀。

曼德拉曾说过：“若你用一个人能理解的语言与他交谈，可以传递至他的大脑；若你用一个人的母语与他交谈，可以传递至他的心灵。”②作为山大的外语系学生，我们需要牢记自己的使命，为用地道的语言向世界讲好中国故事、传播好中国声音贡献出自己的力量。

二、外语人才的外交心态与构建人类命运共同体

党的十九大报告明确指出，中国特色大国外交要推动构建新型国际关系，推动构建人类命运共同体。作为一名外语学习者，学习外语、将来从事外事活动，我将最恰当的心态理解为两个字——平等。外交上的一切友好都是在平等的基础上建立起来的。可以说，“初心”“平常心”“自信心”和“责任心”这“四心”就体现了平等的概念，应当引发外语学习者的思考。③

---

① 仲伟合：《“一带一路”企业语言服务MTI教育供给侧改革》，“一带一路”与MTI教育高峰论坛主题演讲，2017年9月16日。

② 转引自沈骑：《“一带一路”倡仪下国家外语能力建设的战略转型》，《云南师范大学学报（哲学社会科学版）》，2017年第5期。

③ 叶自成、李颖：《构建大国外交心态》，2001年7月20日《环球时报》第4版。

(一)初心:绝不失去本位与自我

首先明确,外语学习者的责任是用学习的语言知识为国家的发展贡献一己之力。我们所学习的语种大多是发达国家的语言。在与这些国家交流时,我们不能失去本位与自我。

我们不能成为完全西化的"香蕉人",而需要成为从内到外都对中华文化保留最虔诚热爱与自信的"芒果人"。我们可以在谦虚心态下进行对外的友好交流,但前提是建立在平等的基础上。在外国友人面前,我们更要展现出中国人的自信与风采。

(二)平常心:不应过分看重或看轻与某方的关系

虽然中国与一些国家还存在现实分歧、争端和利益博弈,但我们都要以平常之心应对——既不因其是富强大国而讨好,也不因其是贫弱小国而看轻。一方面我们为自己的发展保留足够的余地,另一方面也要"将心比心,以心换心"[1],这样才能赢得世界人民的尊重。

(三)自信心:对于国家植根于心底的认同

2017 年年末和 2018 年年初,美国和法国的国家元首分别对中国进行了国事访问。而两次访问的必览之地便是故宫。故宫为何如此重要?故宫,作为令世界人民惊讶和赞叹的宏伟建筑群和活文物,是了解中国历史文化不可或缺的窗口。中方安排外国元首到故宫参观、茶叙、看戏,中外元首不仅可以在此笑谈古今,纵论天下,深入沟通,还可以感受中国文化博大精深的魅力。会谈地一方面是我国外交高超技巧的展示,另一方面更是我国文化自信的表现。

(四)责任心:致力于全球共同发展

我们在"韬光养晦"的同时,还要积极参与全球治理和国际体系变革。在 2017 年,中国积极主办"一带一路"国际高峰合作论坛、金砖国家领导人厦门会晤、国际刑警组织第八十六届全体大会、中国共产党与世界政党高层对话会等,这都掀起了多边外交舞台上的"中国风",发挥了更大的"中国影响力"。

---

① 马晓霖:《周边外交:多变新常态与不变平常心》,2015 年 11 月 14 日《北京青年报》。

党的十九大报告也做出了这样庄严的承诺:“世界命运握在各国人民手中,人类前途系于各国人民的抉择。中国人民愿同各国人民一道,推动人类命运共同体建设,共同创造人类的美好未来!”

三、新时代青年马克思主义者的姿态

作为青年人的我们,最需要展现出的姿态是勇于承担使命,国家之未来便是吾辈之责任。

从使命的角度去理解习近平新时代中国特色社会主义思想,为自己的发展汲取力量。回顾中国的社会主义发展历程,它破解了“落后国家如何实现独立富强”的历史难题[①]。如今,全面推进“一带一路”倡议,又将是实现中华民族伟大复兴的绝佳契机。但是,任何一种制度或者思想都不是社会主义发展的终点,而是社会主义发展到一定阶段所呈现出的某种形态。我们最需要做的是将具有强大生命力的中国特色社会主义为世界社会主义的发展提供中国典范、贡献中国智慧,为谋求世界人民的和谐与发展而不懈努力,这也是习近平新时代中国特色社会主义思想对构建人类命运共同体的责任与担当所在。

四、结语

党的十九大报告指出:“青年兴则国家兴,青年强则国家强。青年一代有理想、有本领、有担当,国家就有前途,民族就有希望。……广大青年要坚定理想信念,志存高远,脚踏实地,勇做时代的弄潮儿,在实现中国梦的生动实践中放飞青春梦想,在为人民利益的不懈奋斗中书写人生华章!”[②]

作为新时代的青年马克思主义者,我们要将自己的人生态度从“仰望星空”转变到“脚踏实地”上来,将自己的奋斗目标从“独善其身”转变到“青春报国”上来,因为只有为祖国和人民施展才华才能真正实现自己的人生价值!

---

① 参见轩传树:《世界社会主义进程中的“中国时代”》,2017 年 10 月 26 日《中国社会科学报》。

② 习近平:《决胜全面建成小康社会,夺取新时代中国特色社会主义伟大胜利》,2017 年 10 月 28 日《人民日报》。

关于国家监察体制改革的若干问题探究

宋梓洺*

摘要：从2016年11月中共中央办公厅印发《关于在北京市、山西省、浙江省开展国家监察体制改革试点方案》，部署在3省市设立各级监察委员会，到2017年11月《全国人民代表大会常务委员会关于在全国各地推开国家监察体制改革试点工作的决定》的发布，国家监察体制改革已经进行了整整一年的时间。这场政治领域的重大改革因何而起？在推进过程中又有哪些问题需要关注？这些都值得我们进行探究。

关键词：监察体制改革　监察委员会　反腐　监督

一、国家监察体制改革因何而起

（一）反腐力量分散，权限交叉含混，亟待统一整合

当前我国的反腐败力量呈现着"九龙治水"的局面，党的纪律检查机关、行政机关的监察部门、检察机关的反贪反渎部门、职务犯罪预防部门以及国家预防腐败局、公安机关等众多力量参与反腐。这些机构领导机关不一、执行法律法规不一、工作侧重不一，导致了职能重叠、边界不清、存在空白地带

* 作者为山东大学成仿吾英才班第一期学员，山东大学外国语学院2016级本科生。

等问题，难以形成合力。

比如，党的纪律检查机关和行政监察机关合署办公，虽然在一定程度上有提高效率之利，但根据现行的《中华人民共和国行政监察法》(以下简称《行政监察法》)的规定，行政监察机关受本级政府及上级部门的双重领导，监督职权在实际操作中几乎无法独立行使，且监察对象及监察手段具有一定局限性，监督实效自然而然就会打折扣。所以，在实际操作上，纪检监察机关内部就出现了"一条腿粗一条腿细"的局面。[①] 即党的纪律检查机关不断走向强势，行政监察机关则趋于弱化，这种情况就使纪检监察工作出现了党政不分的现象。由于两个部门职能相近，本应是党的纪律检查机关管党纪，行政监察机关管政纪，但在这种办公体制下，后者容易受到前者的牵制，因为我们向来倡导"党纪严于国法、挺纪在前"，前者具有处理腐败线索的优先权，而前者又常常用到后者的权力，因为前者的调查手段和范围有限，这样就极易使人们产生党的纪律检查机关"权力越位"的想法。

在较长的一段时间内，纪检监察工作具有违纪违法一起查的工作特征。根据《中华人民共和国刑事诉讼法》(以下简称《刑事诉讼法》)第五十二条的规定，行政机关在行政执法和查办案件过程中收集的证据材料，在刑事诉讼中可以作为证据使用。这为行政监察机关将取得的证据转交给司法机关提供了法理依据。然而由于党的纪律检查机关走的是党内处理程序，其所获得的材料并不属于《刑事诉讼法》所规定的可用于刑事诉讼的"证据"范畴，需要由检察机关的反贪反渎部门进行再一次的侦查，才能"转化"为"法定证据"，这样就造成了极大的资源消耗。

根据全国人民代表大会常务委员会《关于在北京市、山西省、浙江省开展国家监察体制改革试点方案》[②]的决定(以下简称《决定》)以及当前改革工作进度来看，监察体制改革意味着将行政监察机关、预防腐败局、检察机关

---

① 参见张伟:《监察委员会:反腐治本与政治改革的双重使命》,《上海党史与党建》2017年第5期。

② 参见《全国人民代表大会常务委员会关于在北京市、山西省、浙江省开展国家监察体制改革试点工作的决定》,http://www.hpc.gov.1cn/npc/xinwen/2016-12/25/content 2004968.htm,中国人大网,2018年9月5日。

的反贪反渎部门以及职务犯罪预防等部门的相关职能整合至监察委员会，将原本分散在各个部门的反腐权限进行合并。这有利于反腐力量的整合，破解当前反腐力量碎片化、反腐程序复杂化的难题。

（二）监察范围有限，存在监察盲区

从党的纪律检查机关、行政监察机关、检察机关的反贪反渎部门三个角度来看，党的纪律检查机关管的是各级党组织和全体党员；行政监察机关管的是各级行政机关及其工作人员；检察机关的反贪反渎部门管的是公职人员职务犯罪。看似三方都在管，但其实存在着一定的监察盲区。

比如，基层群众性自治组织的管理人员，在业务上对居民弄虚作假，在道德上品行败坏，但如果他不是党员，那么他就不在纪委的调查范围之内；基层群众性自治组织也不是行政机关，那么也不在行政监察部门的监督范围之内；没有涉嫌职务犯罪，检察机关的反贪反渎部门也无从下手。党的十九大报告中明确指出：“深化国家监察体制改革，构建集中统一、权威高效的国家监察体系，实现对所有行使公权力的公职人员监察全覆盖。”[①]对所有行使公权力的公职人员监察全覆盖，就是深化监察体制改革的主要目的之一。所以，分析这个问题我们必须要搞明白哪些人是“行使公权力的公职人员”。根据《现代汉语词典》的解释，所谓“行使公权力的公职人员”，一是指政府官员，二是指主管、指导或管理公众事务的人。第一个解释不难理解，重点在于第二个解释。

当我们将《监察法（草案）》[②]与现行的《行政监察法》进行对比的时候，我们会发现《监察法（草案）》在第三章即监察范围的内容中新增了“中国共产党的机关、人大机关、行政机关、政协机关、监察机关、审判机关、检察机关、民主党派和工商联机关的公务员、法律法规授权或者受国家机关依法委托管理公共事务的组织中从事公务的人员、国有企业管理人员、公办的教育、

① 习近平：《决胜全面建成小康社会，夺取新时代中国特色社会主义伟大胜利》，2017年10月28日《人民日报》。

② 《中华人民共和国监察法（草案）面向社会征求意见（2017年6月第十二届全国人大常委会第二十八次会议审议稿）》，http://www.ccdi.gov.cn/toutiao/201711/t20171107126216.html，中央纪委监察部网站，2018年9月5日。

科研、文化、医疗卫生、体育等单位中从事管理的人员、基层群众性自治组织中从事集体事务管理的人员”的内容。这些内容，就是当前尚未完成监察体制改革的省份的监察盲区。根据过去一年在三省市改革试点工作的数据来看，三地监察对象从改革试点工作开展前的137.8万人增长为开展后的301.3万人。[①] 监察范围的扩大，对所有行使公权力的公职人员形成了一定的震慑作用。

（三）监察手段受限，强制性不高

根据现行的《中国共产党纪律检查机关案件检查工作条例》（以下简称《案件检查工作条例》）和《行政监察法》的有关规定来看，党的纪律检查机关和行政监察机关，可以对被调查对象所采取的措施强制性均比较弱，而且纪检监察机关经常采取的“两规”措施由于若干问题也饱受争议，从而导致了当前的纪检监察机关的监察手段具有一定的局限性。

以行政监察机关为例。当前的行政监察机关的检查手段主要包括调查权、检查权、建议权和行政处分权，与查封、扣押、留置等手段相比强制性着实较弱。比如在调查权中，如果行政监察机关想要查询或者冻结被调查对象的存款，需要提请上一级监察机关领导人员和人民法院决定，这就导致调查权的使用存在一定的延迟，监察的作用就会打折扣。而且，刑事违法犯罪案件不在其监察范围之内，行政监察机关没有侦查权，无法采取多样的侦查手段，无法对人身采取强制措施，这都对监察工作带来了阻碍。

深化国家监察体制改革，设立各级监察委员会，将行政监察机关、检察机关反贪反渎部门、预防腐败系统等部门的权限整合至监察委员会，监察委员会的监察手段将大大增加。从《决定》内容来看，监察委员会可以采取谈话、讯问、询问、查询、冻结、调取、查封、扣押、搜查、勘验检查、鉴定、留置等措施，其监察手段的强制性和实效大幅提升。

在这些措施中，需要注意的是以前在纪检监察工作中从未出现过的“留置”措施。

---

① 参见《省级监察委主任选出22人曾任职中央部门》，http://www.sohu.com/a/220943596123753，搜狐网，2018年9月5日。

"留置"一词在《案件检查工作条例》和《行政监察法》中并不存在,更没有明确表述,但是在《中华人民共和国人民警察法》(以下简称《人民警察法》)中是存在的。《人民警察法》第九条规定,对被盘问人的留置时间自带至公安机关之时起不超过24小时,在特殊情况下,经县级以上公安机关批准,可以延长至48小时,并应当留有盘问记录。根据《监察法(草案)》来看,"留置"措施最长可达到6个月。党的十九大报告中明确指出,依法赋予监察委员会职责权限和调查手段,用留置取代"两规"措施。"两规"虽然是纪检监察机关最常用的调查手段之一,但时至今日对于"两规"的争议依然存在。用"留置"取代"两规",一方面会给监察委员会更大的权限、更充足的时间,有利于监察工作的顺利开展;另一方面,监察委员会作为国家反腐败工作机构,随着《中华人民共和国监察法》的制定和出台,采用"留置"措施将具有充足的法理依据。

根据在三省市的改革试点结果,监察手段的丰富使纪检监察工作底气更足、更硬。2017年前8个月,北京市处置问题线索6766件,同比上升29.7%;立案1840件,同比上升0.7%;处分1789人,同比上升35.4%。山西省处置问题线索30587件,同比上升40.4%;立案11261件,同比上升26.4%;处分10557人,同比上升11.7%。浙江省处置问题线索25988件,同比上升91.5%;立案11000件,同比上升15.5%;处分9389人,同比上升16.1%。北京市、山西省、浙江省分别追回外逃党员和国家工作人员12人、9人、10人。[①] 监察委员会的威力正在逐步显现,不少违法违纪人员感觉到自己离被"监察"越来越近了。

(四)多重领导导致独立性不强

多重领导导致独立性不强是较长一段时间内纪检监察工作面临的主要问题之一。《党章》规定,地方各级党的纪律检查委员会既受同一级的党委领导,也受上一级党的纪律检查委员会领导。《行政监察法》规定,地方各级

① 参见《积极探索 形成宝贵经验 国家监察体制改革试点取得实效——国家监察体制改革试点工作综述》,http://www.zjsjw.gov.cn/ch112/system/2017/11/06/030500724.shtml,浙江廉政在线,2018年9月5日。

行政监察机关既受同一级的人民政府领导，也受上一级的行政监察机关领导。所以产生了地方各级纪检监察机关既受同一级党委领导、又受同一级人民政府和上级纪检监察机关领导的“多重领导”局面。

这种多重领导，形成了纪检监察机关既要监督同级党委和政府，又受同级党委和上级部门领导的尴尬局面，尤其是对于级别较低的纪检监察机关，情况可能会更严重。监督者受被监督者的领导，也就是我们常说的“同体监督”，显然是一个结构悖论，而其最大的弊端就是对同级党委的监督不足。回顾从严治党这五年，大批高官在处于党政“一把手”时被拿下或者在“一把手”时期违纪违法最严重，这其中固然有自身理想信念丧失等主观原因，但同级纪检监察机关的监督不力也是一个重要原因。

深化监察体制改革，建立各级监察委员会，不是简单的部门升级，而是开辟一条独立的序列。即在当前的“一府两院”（政府、法院、检察院）的基础上再加上监察委员会，最终形成“一府一委两院”的局面，完成从“同体监督”到“异体监督”的转变。国家监察委员会由全国人民代表大会产生，各级监察委员会由地方各级人民代表大会产生。这样的监察委员会，已经不再是政府的内设部门，而是与“一府两院”平行的国家机构，具有极高的法律地位，所受限制和顾虑将大大减小，这对于监察工作的深入推进是十分有利的。

（五）加强党对反腐败工作的统一领导，构建权威高效的国家监察体系

习近平总书记反复强调，当前我们党面临的最大威胁就是腐败；人民群众最痛恨腐败，我们就要同腐败斗争到底；不得罪成百上千的贪官污吏，就要得罪13亿人民。党的十八大以来，以习近平同志为核心的党中央高举反腐大旗，坚持“零容忍”的态度，“老虎”“苍蝇”一起打，上不封顶，下不设限，以壮士断腕的决心、刮骨疗毒的勇气，勇于向自我开刀、向顽疾开刀。五年已过，反腐败压倒性态势已经形成并巩固发展，党风政风焕然一新，党心民心为之一振。

党的十九大报告中明确指出，党政军民学，东西南北中，党是领导一切的。反腐败工作关系到人心向背，关系到党和国家的前途命运，只能加强，

不能削弱。深化国家监察体制改革，建立各级监察委员会，将以往分散在各部门的反腐权限合二为一，有利于加强党对反腐败工作的统一领导，有效地防止了反腐力量碎片化的倾向。同时，根据从三省市的改革试点工作情况来看，监察委员会主任全部由同一级的纪委书记担任，党的纪律检查机关的负责人同时担任国家监察机关的负责人，这同样也强化了党对监察工作的领导。

反腐职能的整合、监察范围的扩大、部门地位的提升、独立权威性的增强，最终会构建一个高效完备、集中统一的国家监察体系，使所有行使公权力的地方都处于阳光之下，都处于党和国家的监督之下。

二、几点值得深究的问题

(一)关于设立监察委员会所导致的修改若干法律的问题

随着监察体制改革的不断深入，关于监察委员会的政治定位，已经逐渐明晰。2016 年 11 月，中纪委原书记王岐山在三省市调研改革试点工作时明确指出，监察委员会实质上是反腐败机构[①]；一年已过，11 月 5 日，新华社播发长篇综述《积极探索实践　形成宝贵经验　国家监察体制改革试点取得实效——国家监察体制改革试点工作综述》[②](以下简称《综述》)，在文中也明确提到监察委员会实质上是反腐败工作机构。同时值得注意的是，《综述》中强调监察委员会始终坚持把讲政治放在首位，对监察委员会增加了"政治机关"的定位，即其既不是行政机关，也不是司法机关。

监察委员会的设立，使以往的"一府两院"结构转变为"一府一委两院"[③]。在这种情况下，监察委员会和人民政府、人民法院、人民检察院处于同一级别。其作为新设立的国家机构，自然而然地就要涉及修宪问题，其中

① 参见《王岐山：监察委员会实质上是反腐败机构》，http://caixin.com/2016-11-25/101019324.html，财新网，2018 年 9 月 5 日。

② 参见《积极探索实践　形成宝贵经验　国家监察体制改革试点取得实效——国家监察体制改革试点工作综述》，http://www.gov.cn/xinwen/2017-11/05/content_5287440.htm，中国政府网，2018 年 9 月 5 日。

③ 参见袁博：《监察制度改革背景下检察机关的未来面向》，《法学》2017 年第 8 期。

最重要的就是在《中华人民共和国宪法》(以下简称《宪法》)的第三章国家机构中加设专节介绍监察委员会的各方面内容。除此以外,《宪法》中其他的有关内容也应做出修改。

除《宪法》外,其他的法律法规,也应对有关内容作出修改。比如《中华人民共和国地方各级人民代表大会和地方各级人民政府组织法》第八条对于县级以上的地方各级人民代表大会的职权的表述应增加监察委员会相关内容;再比如,《刑事诉讼法》第一百一十六条对于讯问犯罪嫌疑人必须由人民检察院或者公安机关的侦查人员负责进行的规定应作出相应修改。

监察委员会作为新设立的国家机构,其所涉及需要修改的法律法规绝不仅仅是上述几部,这是一项比较复杂的工程,需要立法机关及行政机关慎之又慎地推进。

(二)关于改革后监察和纪检的关系问题

监察委员会作为新设立的国家机构,其角色、地位、职能与以往的行政监察机关已经有了明显的区别,监察和纪检的关系自然而然会发生一些改变。

两者关系发生重大改变的主要原因在于,监察委员会的权限与以往的行政监察机关相比增加了不少,甚至将查封、扣押等强制性较强的手段也合并至监察委员会的权限当中。此时监察与纪检的关系将逐步摆脱以往"党政不分"和"纪检强势监察弱化"的局面,纪检与监察的职能和权限也将进一步厘清,最终形成"党政分开、界限明晰、相辅相成"的纪检监察工作格局。当然,在这个逐渐转变的过程中也有需要考虑的问题。比如,如何把执纪和执法进行有效衔接的问题,如何在被调查对象既是党员又是行使公权力的公职人员的情况下进行业务分工的问题,对于先执纪后执法还是执纪执法并行的工作模式的选择问题等等。这些尚不明确的问题,在日后的具体实践中应该会得到妥善的解决。

(三)关于改革后监察、检察和审判的关系问题

改革后的"一府一委两院"格局,使监察委员会和人民检察院、人民法院站在了同一层级,关于这三者的关系问题需要我们重新审视。

根据《决定》精神以及当前的改革工作来看，监察委员会、人民检察院和人民法院大致呈现出"三角形"的协作局面。监察委员会由于职能权限的扩大，其和党的纪律检查机关及其他部门共同负责案件的调查、侦查工作；人民检察院虽然被剥离了侦查权，但是依然具有审查起诉的权限，且有权退回监察委员会补充调查；人民法院则根据审查结果作出相应的裁决，监察委员会和人民检察院无权干涉。这种协作局面在各个环节都比较好地体现了权力的制约，但是学界对此存在着不同观点。

不同点在于，这个"三角形"的协作局面应该是以审判为顶点、以侦查和审查为底边的"等腰三角形"架构，还是三边对等的"等边三角形"架构，还是并不固定的"随机三角形"架构。对于最后一种架构，很明显其不符合权力制约的基本原则，如果任由任意一边的权力扩大，其必然会导致任意环节的虚无性。对于第一种架构，其理论基础在于当前推进的以审判为中心的刑事诉讼制度改革，强调审判的重要性无可厚非，但绝不能成为审判权超越监察权和检察权的理由。监察权、检察权和审判权，三者属于同一层级，谁也不低于谁，谁也不高于谁，三者是彼此平等、互相制约、相辅相成的关系，也就是"等边三角形"架构。

"等边三角形"架构既强调监察权、检察权和审判权的统一性，也强调了三者的连贯性和制约性。监察机关的监察权具有独立性，但是需要检察机关的审查，检察机关的检察权（公诉权）具有独立性，但是需要审判机关进行有据可依的裁决，审判机关的审判权具有独立性，但是审判权没有前两者的铺垫则无法行使，又受前两者的制约。任何一种夸大三者之一的说法，都不能代表权力制衡原则，更不能否定三者的内在分工价值。

（四）关于对监察委员会的监督问题

现实的无数事例已经一次次地证明，绝对的权力必将导致绝对的腐败，权力不加以制约就会导致权力的滥用，这是一条亘古不变的真理。监察委员会作为新设立的国家机构，用"位高权重"这四个字来形容绝不为过。说其"位高"，因其与"一府两院"处于同一层级，产生于国家权力机关；言其"权重"，在于其对过去比较分散的反腐权限的整合。对此，有学者提出，在"位高权重”的情况下，监察委员会已经类似于一个“超级机构”，那么如何对其监督则是必须要考虑周全的问题。[①]

当前的主流观点，普遍认为应该加强人大监督、司法监督和内部监督。

人大监督在于监察委员会产生于同级的人民代表大会，对人大负责。如何加强人大监督，如何充分发挥询问、质询等监督方式，创新监督机制，应作为一个重要问题来研究。司法监督在于监察委员会与人民检察院、人民法院处于同一层级，三者工作之间具有一定的连贯性，同时又相互制约。监察机关案件调查完成之后，检察机关有权进行审查，审判机关在裁决被告人罪名不成立之后，监察机关也必须承担一定法律责任。内部监督在于创立内部的监督机制，实现内部的互相制约，包括在各部门分工、上下级的关系、工作程序规范等方面做出有关规定。

笔者认为，除了上述三种监督，还应重视上一级党委和纪委监督、监察官的自我监督和社会公众监督。

监察委员会采用垂直领导体制，同级党委无权干涉，因为这涉及对同级党委的监督问题。但是，上一级的党委和纪委可以对下级监察委员会进行监督，其监督依据是《党章》以及各项党内法规，从而实现真正的党内监督。

监察官的自我监督主要是指监察官自身对党性修养、理想信念、道德素质等多方面的认识够不够深、够不够透彻的问题。如果党性不强、道德素质不高、三观出现偏差，就很难不发生问题。加强监察官的自身修养，一靠内，二靠外。内在于自我学习、自我领悟，外在于组织的帮助和引导。

社会公众监督主要在于将监察委员会置于阳光之下，建立透明、公开、全面的信息公开制度，使广大人民群众信服监察、支持监察。从最近几次较大的社会舆论事件来看，民众与公权力机关的信任之所以难以建立，一个重要原因就是信息的不完全透明和不完全对称。所以，如何将监察委员会的工作更加信息公开化、透明化，也是一个必须研究的重要问题。

---

① 王春业：《论法治视野下监察委员会体制的构建》，《江海学刊》2017年第5期。

马克思主义中国化历史逻辑视域下“新时代”实探

刘凯然*

摘要：十九大宣告中国特色社会主义进入了新时代，这是马克思主义中国化历史发展的结果。当年面对西方的坚船利炮，中国近代的先进知识分子走上了一条否定传统、全盘西化的道路，马克思主义正是在这样的背景下传入了中国。马克思主义中国化的问题即是在马克思主义和中国传统的矛盾中提出的。经过九十多年的发展，马克思主义已经打上了鲜明的中国印记，这是新时代的理论依据。

关键词：十九大　新时代　马克思主义中国化

中国共产党第十九次全国代表大会宣告中国特色社会主义进入了新时代。那么，什么是新时代、怎样看待新时代成为理解中国当今现实和未来走向的重要问题。回答这些问题，需要不同的角度和层次。古人云：“观今宜鉴古，无古不成今。”本文拟用历史的眼光，从历史的维度来看待和回答这一现实问题。

中国拥有5000年悠久灿烂且从未中断过的文明，中华民族自古就以拥有这样的文明而自豪。然而，近代以来，中华文明在坚船利炮的攻击之下走

---

* 作者为山东大学成仿吾英才班第一期学员，山东大学历史文化学院2016级本科生。

向衰微。迨至五四运动，国力之羸弱使青年学生喊出了“国亡了！同胞起来呀！”的悲怆激愤的口号。与此并行的，是知识分子对于中华文化传统的反思。新文化运动“第一次全面地、猛烈地、直接地抨击了孔子和传统道德，第一次大规模地、公开地、激烈地反对传统文化，强调必须以口头语言（白话）来进行创作”[①]。之后的知识分子高呼“打倒孔家店”，倡导“全盘西化”，反对传统、批判传统、告别传统，成为部分中国人尤其是先进知识分子的价值选择和行动方向。

这一历史思潮，在很长一段时期内始终萦绕在中国人的心头，马克思主义正是在这样一种思潮的影响下传入了中国。正如中国人迅速地接受历史进化论以代替“分合治乱”的历史循环论一样，中国人同样非常迅速地接受了与中国传统思想“毫不相侔，甚至互相冲突”[②]的唯物史观、阶级斗争学说以及剩余价值理论。李维汉说：“我们……对于书中所描绘的社会主义和共产主义的美妙前景，对于那种没有人剥削人、人压迫人，人人劳动、人人读书，平等自由的境界，觉得非常新鲜、美好，觉得这就应该是我们奋斗的目标。有了这个目标，大家就高兴地以为找到了真理。”[③]

都说“十月革命一声炮响，给我们送来了马克思列宁主义”[④]，然而，送来的马克思主义是诞生于大工业发达的欧洲的马克思主义，送来的列宁主义是实践于已跻身帝国主义列强之列的俄国的列宁主义，二者与中国实际有着天然的差别，这种差别必然带来马克思列宁主义与中国传统、中国实际之间的矛盾。怎么解决这个矛盾，是当时的中国共产党人必须面对的问题，而解决这个矛盾的过程，就是马克思主义中国化的过程。

关于这个矛盾，在中国革命的过程中有许多具体的体现。如中国应该走怎样的革命道路的问题，“列宁、斯大林领导的苏联内战的经验是有世界的意义的。……但这并不是说，我们应该在我们的条件下机械地运用这个

① 李泽厚：《启蒙与救亡的双重变奏》，《走向未来》1986年创刊号。

② 李泽厚：《中国现代思想史论》，三联书店2008年版，第154～155页。

③ 李维汉：《回忆五四前后我的思想转变》，《中国青年》1959年第9期。

④ 毛泽东：《论人民民主专政》，《毛泽东选集》第4卷，人民出版社1991年版，第1471页。

经验"[①],"土地革命,其中包括没收土地及土地国有——这是中国革命新阶段的主要的社会经济之内容"[②];再如文艺工作的方向问题,"对于过去时代的文艺形式,我们也并不拒绝利用,但这些旧形式到了我们手里,给了改造,加进了新内容,也就变成革命的为人民服务的东西了"[③],"强调与工农兵的一致和结合,包括对民间形式以及传统的高度评价,构成了这个'中国化'的有机组成部分"[④]。这些问题都是马克思列宁主义与中国传统、中国实际在矛盾运动中的具体产物。中国革命也正是在这样的矛盾运动过程中走向了胜利。

中华人民共和国成立之后,这个矛盾依然存在。对于马克思主义的僵化理解,对于"苏联模式"的照搬,脱离实际的"左"的错误的蔓延,都是这个矛盾的突出体现。不顾个体小农经济在中国存在2000多年这一基本事实而一味提倡一切公有,不仅不能使人们在共同劳动中萌发大公无私的高尚道德,反而会由于资源的短缺和权力的不均使得人性中自私、懒惰和丑恶的一面暴露无遗;不顾以儒家文化为代表的中华传统文化在中国统治2000多年这一基本情况而坚决地用"无产阶级文化""冲击资产阶级和封建残余还保存的一切腐朽的思想阵地和文化阵地"[⑤]。这样冲垮的不是所谓"封建残余"而是中国人2000年来的思想根基,从而建立起的"无产阶级文化",也只会沦为空洞的政治教条和呆板的意识形态说教。

经过几十年的探索与曲折,中国共产党再一次深刻地认识到了这一矛盾。于是,回顾中国传统、结合中国实际、解决中国问题,就成为中国共产党和中国人民对于当下中国基本国情的应对之策,中国特色社会主义这一命题也是由此发端。在这一实事求是思想的指导之下,中国于几十年改革开放的发展过程中走出了一条具有中国特色、中国气派、中国风格的中国道

---

① 毛泽东:《中国革命战争的战略问题》,《毛泽东选集》第1卷,人民出版社1991年版,第186页。

② 云南高校中共党史教学研究会,云南师范大学马列主义教研室编:《中共"八七"会议告全党党员书》,《中国革命史原著选编(上)民主革命时期》,1985年,第127页。

③ 毛泽东:《在延安文艺座谈会上的讲话》,《毛泽东选集》第3卷,人民出版社1991年版,第855页。

④ 李泽厚:《记中国现代三次学术论战》,《走向未来》1986年第2期。

⑤ 《中国共产党中央委员会通知》,《党史教学参考资料》下册《社会主义革命和社会主义建设时期》,人民出版社1983年版,第342页。

路，这便是中国特色社会主义发展道路。

如今，中国特色社会主义进入了新时代。

正如党的十九大报告提出的那样："中国特色社会主义进入新时代，意味着近代以来久经磨难的中华民族迎来了从站起来到富起来到强起来的伟大飞跃，迎来了实现中华民族伟大复兴的光明前景；意味着科学社会主义在二十一世纪的中国焕发出强大生机活力，在世界上高高举起了中国特色社会主义伟大旗帜；意味着中国特色社会主义道路、理论、制度、文化不断发展，拓展了发展中国家走向现代化的途径，给世界上那些既希望加快发展又希望保持自身独立性的国家和民族提供了全新选择，为解决人类问题贡献了中国智慧和中国方案。"①

可以看出，"新时代"的定义是围绕着中国（中华民族、中国特色、中国方案）和科学社会主义这两个方面展开的。前者是中国实际，后者是马克思主义；前者是特殊性，后者是普遍性。这个"新时代"标志着，马克思主义同中国实际、中国传统相结合的程度迈上了一个新的台阶。如果说，"实现中华民族的伟大复兴就是中华民族近代以来最伟大的梦想"②的话，那么，实现这个梦想就一定要坚持中华民族的民族传统、民族文化和民族精神，只有当中华民族作为一个独立的、特征鲜明的个体而存在的时候，中华民族的伟大复兴才具有主体意义。从马克思主义自身出发，我们也不难发现，正是在每一次与中国传统、中国实际相结合的具体实践中，马克思主义才焕发出生机与活力，否则就是教条。有学者提出，马克思主义与儒学在价值观念上有深刻的相通之处。首先，在总体理想上，一方是共产主义，一方是大同；其次，马克思主义和儒学都主张道义经济；第三，马克思主义和儒学，都格外强调实践，强调知行合一；第四，马克思主义和儒学都强调辩证法。③ 这样的比较有

---

① 习近平：《决胜全面建成小康社会　夺取新时代中国特色社会主义伟大胜利——在中国共产党第十九次全面代表大会上的报告》，http://www.gov.cn/zhuanti/2017-10/27/content_5234876.htm，中国政府网，2018.6.23。

② 习近平《承前启后，继往开来，继续朝着中华民族伟大复兴目标奋勇前进》，http://www.xinhuanet.com/politics/2012-11/29/6-//3852724.htm.新华网，2018.6.23。

③ 参见澎湃专访：《王学典：中国历史是辆有轨电车，中国道路由传统决定》，2017年5月10日。

助于我们理解马克思主义为何能在中国扎根，同时也为我们今天处理好马克思主义和传统文化的关系带来了一些启示，并且提醒我们，马克思主义能够与中国传统文化共存。

然而，对于马克思主义和中国传统这二者之间的关系，即使如前文所言，是在矛盾运动中的互相让步、互相妥协、互相改造的关系，但是，仍有一个问题始终需要我们回答，那就是马克思主义和中国传统文化在当今的中国何为主？何为次？从哲学的角度讲，我们既要承认矛盾双方是同时存在的，也要看到矛盾的主要方面和次要方面；既要坚持两点论，又要坚持重点论。对于后者，笔者以为，可以从中国知识分子接受马克思主义的目的来做一分析。

李大钊说：“我觉得‘问题’与‘主义’有不能十分分离的关系。因为一个社会的解决（原文如此——引者注），必须靠着社会上多数人共同的运动……所以我们的社会运动，一方面固然要研究实际的问题，一方面也要宣传理想的主义。这是交相为用的，这是并行不悖的。”“换一句话说，就是经济问题的解决，是根本解决。经济问题一旦解决，什么政治问题，法律问题，家族制度问题，女子解放问题，工人解放问题，都可以解决。”①我们可以清晰地看出，李大钊等一批先进的知识分子之所以接受马克思主义，正是因为他们希望用马克思主义使中国的问题得到“根本解决”。

中国特色社会主义新时代的马克思主义“中国化”，就是要用中国传统、中国实际去消化马克思主义，让马克思主义为我所用。当然，这种影响是相互的，马克思主义“中国化”的过程，也必然是“化中国”的过程。但是，后者必然以前者为前提，改造中国必然以理解中国、适应中国为基础。否则，就是盲目地改造、胡乱地改造，就是脱离实际的盲动。

历史地来看，马克思主义从传入中国直至发展到今天，已经被打上了鲜明的、不可磨灭的中国印记。中国共产党在社会主义实践中，愈加地使马克思主义与中国传统、中国实际相结合，而这种结合在现在最重要的表现，就

① 李大钊：《再论问题与主义》，《太平洋》第2卷第1期，1919年。

是中华民族伟大复兴的中国梦。用马克思主义这一从西方引进的思想有效地实现本民族的复兴，这一事实本身就表明，历史在马克思主义与中国传统、中国实际的矛盾运动中走向了一个新的阶段，这就是中国特色社会主义新时代。

文化自信之见

——学习党的十九大报告有感

孔欣茹[*]

摘要：2017年10月18日，中国共产党第十九次全国代表大会胜利召开。习近平总书记在十九大报告中提出，全党要更加自觉地增强道路自信、理论自信、制度自信、文化自信，强调了没有高度的文化自信，没有文化的繁荣兴盛，就没有中华民族的伟大复兴。因此，坚定文化自信，才能推动社会主义繁荣昌盛。发展面向现代化、面向世界、面向未来的民族的、科学的、大众的社会主义文化，推动社会主义精神文明和物质文明协调发展，成为新时代的重要任务。树文化自信，才能筑中国未来。

关键词：文化　文化自信　中国梦

近年来，"文化自信"一词频频出现在大众的视野里，都在讲文化自信，那么，文化自信是什么呢？首先，什么是文化？哲学上将文化定义为智慧群族的一切群族社会现象与群族内在精神的既有、传承、创造、发展的总和。那么，什么是文化自信？文化自信，是一个国家、一个民族、一个政党对自身文化价值的充分肯定，对自身文化生命力的坚定信念，是一个国家、一个民

---

* 作者为山东大学成仿吾英才班第一期学员，山东大学药学院2016级本科生。

族发展中更加基本、更加深沉、更加持久的力量。文化自信在“四个自信”中占据着基础地位，它既包括5000年来中华民族沉淀的优秀传统文化，也包括党领导的新民主主义革命时期所形成的革命文化，更包括我们当下正在建设的社会主义先进文化。

十九大报告中指出，我们要坚定文化自信，推动社会主义文化繁荣兴盛。文化是一个国家、一个民族的灵魂。文化兴则国运兴，文化强则民族强。没有高度的文化自信，没有文化的繁荣兴盛，就没有中华民族伟大复兴。要坚持中国特色社会主义文化发展道路，激发全民族文化创新创造活力，建设社会主义文化强国。

中国特色社会主义文化，源自中华民族5000多年文明历史所孕育的中华优秀传统文化。中华民族优秀传统文化是中国特色社会主义文化的孕育者，从盘古开天辟地的传说，到先秦诸子，百家争鸣，而后秦汉一统，分分合合而天下未变。我们有过长安城的繁荣开放，北京城的厚重辉煌，也选择过闭关锁国，遭遇过铁骑凌辱。我们曾创造过盛世，成就了自己的文明；也曾经历过多次朝代更迭，数次经历过外敌入侵，中华大地笼罩在无边的阴霾之下。但是我们的文化未曾中断，5000年一路走来，起起伏伏，步步积淀，形成了我们独一无二的优秀传统文化，它像空气一样一直存在于我们周围，无时无刻不在影响着我们。人的内心都需要一种文化认同感，文化认同是一种群体文化认同的感觉，是一种个体被群体的文化影响的感觉，本国人民对自身文化的强烈认同，既是该国自立于世界民族之林的伟大精神力量，又是使该民族在激烈的国际竞争中立于不败之地的基础。比如说前些年一些外国节日传入中国，许多人认为会对中国传统节日带来极大冲击，但是因我们对外国节日总是缺乏一种文化认同感，大部分人其实对其意义并不明确或者无法感同身受，这就导致一个节日虚有其表而无内涵，实际上其并没有产生多么大的影响。中华传统文化是深深印在我们灵魂里的，可能只是除夕夜的一串鞭炮发出的声响，正月十五的一盏花灯散发的光，可能只是清明时节推开门发现的雨雾濛濛的天气，中华民族从古至今代代传承的文化就是这些节日的底蕴啊。无论一个国家还是一个民族，都需要这种对自身文化的认同感。这种认同感对于增强国家、民族凝聚力非常重要。我们的传统文化由几千年的历史积淀而来，传承至今而依旧魅力十足，我们应对自己优秀的传统文化有信心。

中国特色社会主义文化，熔铸自觉领导人民在革命、建设、改革中创造的革命文化和社会主义先进文化，植根于中国特色社会主义伟大实践。十九大报告指出，坚定文化自信，必须坚持马克思主义，牢固树立共产主义远大理想和中国特色社会主义共同理想，培育和践行社会主义核心价值观，不断增强意识形态领域的主导权和话语权，推动中华优秀传统文化创造性转化、创新性发展，继承革命文化，发展社会主义先进文化，不忘本来、吸收外来、面向未来，更好地构筑中国精神、中国价值、中国力量，为人民提供精神指引。要对我国特色社会主义道路有自信。十月革命一声炮响，为中国带来了马克思列宁主义。1921 年浙江嘉兴南湖的一条游船上，中国共产党第一次全国代表大会胜利结束，宣告了中国共产党的诞生。而后，以星星之火燎原之势燃遍中国，最后，成立了人民当家做主的中华人民共和国。中华人民共和国成立之后，在中国共产党的领导下，全国人民共同努力，开创了独属于中国的中国特色社会主义新道路。这是一条全新的道路，而中国的迅猛发展也证实了这确确实实是一条适合中国国情的正确道路。我们近代以来通过革命、建设、改革形成的革命文化是优秀的，先烈们为祖国、为信仰抛头颅洒热血的忠诚，改革先驱们破旧立新开创新天地的勇气，无不对整个社会文化风气产生着重大影响，形成了我们的社会主义先进文化。我们应对自己在革命、建设、改革中创造的革命文化和社会主义先进文化有信心。

当前，文化自信建设取得了极大的成就。教材改革后，古文在课本中所占比重增加，重视传统节日，使人民对于传统文化的关注度大大增加，习近平总书记更是在多个场合谈到中国传统文化，表达了自己对传统文化的认同与尊崇，主张把传统文化融入更多地方，在谈话中多次引用古文。2016 年 7 月 1 日，在庆祝中国共产党成立 95 周年大会上的讲话中，习近平总书记引用西晋陈寿《三国志》中的"功以才成，业由才广"的名言，表明对人才的重视；《华严经》中的"不忘初心，方得始终"被多次引用，十九大的主题更是定为“不忘初心，牢记使命，高举中国特色社会主义伟大旗帜，决胜全面建成小康社会，夺取新时代中国特色社会主义伟大胜利，为实现中华民族伟大复兴的中国梦不懈奋斗”[①]。这些引用，在精确表达主旨的同时也能彰显国家对传统文化的重视。近年来，社会主义核心价值观所宣扬的新时代的价值观念，是当代中国精神的集中体现，凝结着全体人民共同的价值追求。正是中国梦的提出，让中国人民有了共同的奋斗目标，更好地弘扬社会风气，弘扬新时代正能量，唱响了主旋律。以自己的文化为骄傲，才能提高国家文化软实力和中华文化影响力。

但是，文化自信建设也依然存在一些问题。例如，随着中国的开放，中华传统文化受到外来文化的冲击；随着互联网的发展，网络环境出现各种问题，甚至有极端者产生了对中华文化的怀疑。所以，文化自信的建设不能松懈。习近平总书记指出，推进马克思主义中国化、时代化、大众化，要加强理论武装，深化马克思主义理论研究和建设，推动新时代中国特色社会主义思想深入人心；重视传播手段建设和创新，提高新闻舆论传播力、引导力、影响力、公信力；要继续加强公民的思想道德建设，培育和践行社会主义核心价值观，引导人们树立正确的历史观、民族观、国家观、文化观；深入挖掘中华优秀传统文化蕴含的思想观念、人文精神、道德规范，结合时代要求继承创新，加强文物保护利用和文化遗产保护传承，让中华文化展现出永久魅力和时代风采；繁荣发展文化事业产业发展，加快推进体育强国建设；加强中外人文交流，以我为主，兼收并蓄；推进国际传播能力建设，讲好中国故事，展现真实、立体、全面的中国，提高国家文化软实力。相应地，我们新时代青年，就要从我做起，从现在做起，饱含对我国优秀文化的爱与热情，为新时代建设贡献自己的力量。

正所谓人民有信仰，国家才能有力量，民族才能有希望。只有坚定文化自信，才能实现中国梦，实现中华民族的伟大复兴。不忘初心，方得始终，树立文化自信，才能铸就中国未来。

---

① 习近平：《决胜全面建成小康社会，夺取新时代中国特色社会主义伟大胜利》，2017年10月28日《人民日报》。

十九大有感之浅谈民生

张明惠*

摘要：民生问题与国家稳定和社会发展密切相关。我国的民生建设正在逐步完善，朝着光明的方向前进。但是改革的道路并不是畅通无阻的。民生是一个动态的概念，民生问题始终是一个不断解决问题、不断满足人民需要的过程。因此解决民生问题的担子永远不能放下，只有坚持不懈地改善民生，维护人民的根本利益，才能有效地解决人民最直接、最现实的困难。切实维护公平正义，促进社会和谐稳定，实现国家长治久安。

关键词：民生　发展

民生思想在我国源远流长，最早可以在《左传》中找到"民生在勤，勤则不匮"①的表述，屈原也有"哀民生之多艰"②的叹息。民生，指的是人民的生存问题。民生问题无小事，处处留心皆民生。民生可以说与我们的生活息息相关，甚至贯穿我们生命的始终。因而今天我想谈一谈最受关注的民生问题。

民生问题与国家稳定和社会发展密切相关。国内外的历史证明，重视

---

* 作者为山东大学成仿吾英才班第一期学员，山东大学基础医学院2016级本科生。

① （春秋）左丘明：《春秋左传》，哈尔滨出版社2012年版，第169页。

② 《高中语文》必修二，人民教育出版社2006年版，第17页。

民生，则国家兴旺，人民安宁；忽视民生，则国家无序，政死人亡。“民本、治固、乱危”，这是各时代人民对国家治理的深刻理解。在党的十九大报告中，习近平总书记也明确指出，中国特色社会主义已经进入了一个新的时代，我国的主要社会矛盾已转化为人民日益增长的美好生活需要和不平衡不充分的发展之间的矛盾。共产党必须始终把人民的利益放在首位，始终把人民对美好生活的向往作为奋斗目标。“永恒”和“至上”这样的词，被用于民生，这表明，在中国特色社会主义的新时代，民生的改善已经达到了最高的价值层面。

党的十八大以来，习近平总书记就民生问题做了重要论述。习近平总书记在教育、医疗、老龄化、收入、工作、住房等方面提出的政策取得了显著的成效。最近又提出了“幼有所育”和“弱有所扶”两个新目标，强调了党和政府对儿童等弱势群体的责任，践行了为人民服务的宗旨，也彰显了人性的光辉。

改革开放以来，国家致力于使人民脱贫致富，稳步解决了 13 亿人口的温饱问题，基本建成了小康社会。我国人民的受教育程度明显提高，从上不起学到九年义务教育，民众受教育的权利进一步得到保障，机会也越来越多；城乡差距不断缩小，教育公平受到重视；国家将进一步推进医疗卫生体制改革，大力完善老龄政策体系[①]；习近平总书记提出“房子是用来住的，不是用来炒的”的理念，重点加强保障性住房建设，抑制投资投机性购房。这些非常了不起的成就和举措实实在在地反映出自十八大以来民生方面的重大进步。

民生问题的担子永远不能放下，十九大又提出十大民生实事。

扩大中等收入群体，促进农民工的多渠道就业，农民工关注就业的重点不仅是“找工作”，更是如何在城市扎根，享受更好的教育和医疗条件。[②] 鼓励有文化、有技术的农民工走创业之路；群众看病难、看病贵等问题正在逐

---

① 参见汪清：《浅析城乡教育资源差异与教育公平》，《出国与就业》2009 年第 18 期。

② 参见《十九大报告透露的十件民生实事》，http://cpc.people.com.cn/19th/n//2017/1021/c414305-29600881.html，中国共产党新闻网，2018 年 9 月 5 日。

渐解决；大多数新一代城乡劳动力能够上高中接受教育；确保到2020年贫困人口和贫困地区真正脱贫致富，真正战胜贫困；为了解决空气、水和土壤污染等环境问题，十九大报告提出了"改善污染排放标准""加强污染者责任"和"严惩重罚"等措施。我们深深感受到了国家和政府治理环境污染的决心；加快建立多主体供应、多渠道担保、分期付款的住房制度[①]；实施食品安全战略；完善留守儿童、妇女和老年人的保障体系，关爱儿童、妇女、老人等特殊群体，加大投入，保障其基本生活。

民生保障措施正在逐步完善，朝着光明的方向前进。但是改革的道路并不是畅通无阻的。目前社会上仍存在许多问题。例如最近被热搜的"红黄蓝"事件；大学毕业生找工作很容易被居心叵测的人欺骗；拐卖儿童、贩卖人口等问题。悲观主义是错误的，改革开放40年来，中国综合国力大幅度增强，人民生活水平显著提高。我们对未来充满信心。

民生是一个动态的概念。新问题取代旧问题，新需求取代旧需求。虽然我国仍有少数人因温饱问题而担忧，但我们应该看到我国在社会平等、社会分配、社会保障等方面都有了长足的进步。民生建设始终是一个不断解决问题、不断满足人民需要的过程。

归根结底，人民群众的利益和愿望就是最大的民生。只有不断解决民生问题，才能实现社会保障。《尚书》有言："民为邦本，本固邦宁。"只有坚持不懈地改善民生，维护人民的根本利益，才能有效地解决人民最关心、最直接、最现实的困难，切实维护公平正义，促进社会和谐稳定，实现国家长治久安。[②]

---

① 《中央定调明年楼市：加快建立多主体供应、多渠道保障、租购并举的住房制度》，http://www.gov.cn/xinwen/2017-12/20/content_5248950.htm，中国政府网，2018年9月5日。

② 祁翠芳：《从新疆第八次党代会看民生问题》，《网络导报·在线教育》2012年第18期。

化学“小青马”学习十九大报告的一点体会

肖笑园[*]

摘要：党的十九大报告将坚持人与自然和谐共生、加快建设创新型国家作为新时代中国特色社会主义道路应该全面贯彻落实的工作，而这两个方面，都与化学有着千丝万缕的联系。笔者作为一名化学专业的学生，将从化学化工角度谈谈十九大报告中的生态文明与科技创新。

关键词：十九大报告　化学　科技创新　环境

一、保护环境是化学人的职责

2005年，胡锦涛同志在十六届五中全会中提出要建设资源节约型、环境友好型社会，随着科学发展观的贯彻落实，越来越多的人开始重视环境、生态。在十九大报告中，习近平总书记也将生态文明作为中华民族持续发展的千年大计。因此，保护环境、坚持人与自然和谐发展受到了企业的重视以及百姓的高度关注。

作为一名化学人，听到过许许多多对本学科的误解，甚至有人说：“地球

* 作者为山东大学成仿吾英才班第一期学员，山东大学化学与化工学院2016级本科生。

环境这么差,都是你们搞出来的。"我们不得不承认,环境污染与化工企业乱排放废水、废气有重要的联系,那时的我们过分地追求经济的高速发展,在技术不够完善的当时,企业为谋取利益不按规定运营,在一定程度上破坏了生态环境。但是,不可否认,随着国家对环境的日渐重视,想要实现经济与环境的协同发展,化学技术将在其中发挥至关重要的作用。

我们都知道,世界是由物质构成的,而具体物质又是化学的宏观研究对象,因此,也就可以理解:绝大多数的企业都跟化学化工息息相关。当工厂想要提高经济效益,而政府又要求其节约资源、减少浪费时,有两条途径可供企业选择,那就是先进的生产工艺和有效的催化剂。

生产工艺因不同的产品生产而不同,在此,就不详细展开说明了。但催化剂的使用却普遍减少了工厂企业的资源浪费,实现了从生产到应用的清洁化,在建立和发展资源节约型、环境友好型的农业、工业、交通运输业等方面,起着重要的作用。例如,2016 年发表在《催化学报》上的一篇"Progress in research on catalysts for catalytic oxidation of formaldehyde"(《甲醛催化氧化催化剂的研究进展》),采用催化氧化法去除纺织、农药、板材和装潢材料等中的甲醛,既保护了人体的健康,又保护了大气环境。不仅如此,我们每天都能看到的汽车,利用的是三元催化剂,它在备有一个传感器的闭路系统内工作,将 CO 和 HC 氧化为 CO_2 和水,将 NOx 同步还原为氮,同样保护着我们的生态。

化学保护环境的例子比比皆是,化学人是这场拯救环境"战争"中的中坚力量之一。不忘初心,潜心钻研,是现阶段化学人报效国家、体现自身社会价值的重要途径。

二、以化学为例,论国家科技创新的发展

1995 年,国务院提出"科教兴国"的发展战略,全面落实了邓小平同志"科学技术是第一生产力"的思想,将中国特色社会主义引向更加正确的道路;2014 年,李克强总理提出了"大众创业,万众创新"。自此,科技、创新两个词便越来越受到人们的重视。化学作为基础学科之一,在提高国家科技

创新能力、提高国民科技创新意识方面也起着十分重要的作用。

习近平总书记在十九大报告中指出:“创新驱动发展战略大力实施,创新型国家建设成果丰硕,天宫、蛟龙、天眼、悟空、墨子、大飞机等重大科技成果相继问世。”[①]然而,科技创新的大发展远不止于这些。作为一名化学专业的学生,在日常的学习、科研过程中,我充分地感受到了国内科研成果的丰硕、科研论坛的完善,以及实验仪器的进步、实验技术的改良。以化学分析仪器为例,国内厂家对原子光谱仪器的研究技术已经非常成熟,可以说,性能不逊于国际知名厂家,尤其是做原子吸收光谱比较早的瑞利公司,是世界上最好的厂家之一,其产品不仅能满足内需,还有不少产品出口。荧光技术、天然橡胶、超高分子量聚乙烯纤维(PE)的研究等,中国都领先于世界。

但令人遗憾的是,无论是在化学上还是在物理上、数学上,中国人都从未获得过诺贝尔奖。这确实说明了我们在科技创新方面存在许多问题:思考的问题不够前沿,研究的方向不够深入。但是,国家在发展,化学作为科创科研的重要领域之一,在培养人才、提高知识分子创新能力方面也做出了大量的工作。例如,中国每年的博士论文除有保密要求的以外,都需要在中国知网上传,以便于其他师生学习,信息的公开能使大家少走弯路。拿山东大学化学院本科生培养来说,大二便开始的科创实验,导师带博士、硕士,博士、硕士带本科生的机制,十分有利于专业素养的培养。化学只是众多与科技创新有关的学科之一,以小见大,中国的科学界也同样做出了突出卓越的贡献。

在党的正确方向的指引下,在各地研究所、高校、知名企业的改革创新中,在科学家、研究员、专业知识分子的共同努力下,国家科技创新的氛围越来越浓厚,我们也将不断前行,夺取新时代中国特色社会主义的胜利!

想到这里,我似乎对“小青马”有了另一种定位。成仿吾英才班的学员来自不同的学院,在专业性方面,我们或许比不上马克思主义学院的同学们。但是,一个国家、一个民族的发展,不正是由那些各行各业的专业人士

---

① 习近平:《决胜全面建成小康社会,夺取新时代中国特色社会主义伟大胜利》,2017年10月28日《人民日报》。

推动的吗？“小青马”，或许不只是学习马克思主义哲学、马克思主义政治经济学、科学社会主义，更重要的是，站在国家的立场上，利用自己强有力的专业知识，为建设社会主义强国做出卓越的贡献。当中国的各个专业、各个领域都走在世界前沿，谁会不赞颂中国特色社会主义的成功呢？“小青马”在化学方面还有很长的路要走，但始终会不忘初心，牢记使命，继续前行！

提升文化自信
助力中华民族的伟大复兴

陈中午*

摘要：中国传统文化有着长远的历史和强大的生命力，在党的十九大报告中，习近平总书记深刻诠释了文化自信对我们国家和民族的重要性，中华民族的伟大复兴的重要一步就是重拾我们的优秀文化。文化自信是对自身文化价值的充分肯定，正是因为文化塑造了中国人几千年来的品德，我们才更需要在时代发展的浪潮中树立文化自信的大旗，为中国的富强提供坚实的基础。

关键词：文化自信　十九大　中华民族的伟大复兴

党的十九大报告描绘了决胜全面建成小康社会、夺取新时代中国特色社会主义伟大胜利的宏伟蓝图，进一步指明了党和国家事业的前进方向，是全党全国各族人民智慧的结晶，是我们党团结带领全国各族人民在新时代坚持和发展中国特色社会主义的政治宣言和行动纲领，是马克思主义的纲领性文献。

党的十九大报告提出了新时代文化建设的基本方略。第一，明确了文化建设在中国特色社会主义建设总体布局中的地位。文化建设的核心是满

* 作者为山东大学成仿吾英才班第一期学员，山东大学数学学院 2016 级本科生。

足人的精神需求，而满足文化需求是满足人民日益增长的美好生活需要的重要内容。正如习近平同志所说，满足人民过上美好生活的新期待，必须提供丰富的精神食粮。所以，在中国特色社会主义新时代，文化建设的地位更加重要，作用更加凸显。第二，提出了新时代文化建设的目标，要坚持中国特色社会主义文化发展道路，激发全民族文化创新创造活力，建设社会主义文化强国。第三，十九大报告指出了新时代文化建设的着力点，提出了新时代文化建设的基本要求：秉承中国的文化价值理念，坚持中国的文化立场，提出中国的文化方案。[①]

新时代下，中国共产党带领中国取得了历史性成就，进行了历史性变革。习近平新时代中国特色社会主义思想指引着党和国家的事业，未来的发展蓝图也在党的十九大报告中有鲜明的体现。而从文化建设的角度来说，十九大报告中关于习近平新时代中国特色社会主义思想的提出、阐释和概括，成为了文化建设的理论指引和行动指南。所以，要想切实抓住文化兴国的战略目的，就要学习贯彻习近平新时代中国特色社会主义思想，学习贯彻落实党的十九大精神。

下面，我想谈一谈我所理解的新时代中国特色社会主义。习近平新时代中国特色社会主义思想是马克思主义中国化在历史交汇期的新飞跃，是引领实现中华民族伟大复兴的行动指南，为解决人类问题提供全新选择的中国智慧。回顾历史，1949年，毛泽东领导中国人民从"三座大山"的压迫下站了起来。1978年，邓小平提出改革开放，中国人民走上了由穷变富的征程。再看今朝，习近平总书记领导中国人民在全面建成小康社会，加快推进社会主义现代化，实现中华民族伟大复兴的道路上越走越远，越走越快。习近平新时代中国特色社会主义思想就是我们今天实现中华民族伟大复兴的行动指南，从实践创新和理论创新的历史长河中来看，这一理论的确做出了历史性贡献。十九大报告指出："十八大以来，国内外形势变化和我国各项事业发展都给我们提出了一个重大时代课题，这就是必须从理论和实践结

---

① 《党的十九大关于文化建设的四个突出特点》，http://theory.people.com.cn/n1/2017/1201/c40531-29680137.html，人民网，2018年9月5日。

合上系统回答新时代坚持和发展什么样的中国特色社会主义、怎样坚持和发展中国特色社会主义。”[①]正是围绕这个重大时代课题，顺应时代发展的进步潮流，进行艰辛的理论探索，创立了习近平新时代中国特色社会主义思想。

新时代下，用“历史性变革”这个词来形容1800多天里发生的变化毫不夸张，因为我们解决了许多长期想解决而没有解决的难题，办成了许多过去想办而没有办成的大事。这些事既有国家的上层建筑，同时也不乏发生在我们身边的关乎我们切身利益的事。中国经济在2013～2016年年均增长7.2%，远远高于同期世界的2.5%，继续成为拉动世界经济的第一引擎；贫困人口减少6000多万，相当于欧洲一个大国的人口；人民收入增幅超过GDP增幅，公众感到生活在中国更安全、更舒适；实施全面两孩政策，改善中国人口结构……这些事情的复杂程度远远超出我们的想象，但是中国共产党人就是靠着这种不畏艰难，迎难而上的毅力取得了成功。党的十八大以来，习近平总书记多次提到文化自信，并在中国共产党成立95周年大会上，把文化自信与道路自信、理论自信、制度自信并列使用。这表明伴随着中国经济的腾飞和综合国力的上升，已经到了把文化自信列入中国特色社会主义核心组成部分的时候了。文化自信在经济全球化时代具有特别重要的意义，并且与中国特色社会主义密切联系，我们要在坚持文化自信的基础上，对国民进行社会主义核心价值观教育，牢牢掌握意识形态话语权，为实现中华民族伟大复兴中国梦提供精神保障，建设社会主义文化强国。中国在历史上创造了辉煌的传统文化，留下了宝贵的文化遗产，中国共产党在革命和建设以及改革中，创造了革命文化和社会主义先进文化。社会主义核心价值观，体现了中国人民和中国共产党海纳百川的宽广胸怀和博大胸襟。我们需要把文化自信有效地落实到研究、培育、弘扬和实践中。目前，在思想文化领域多元、多样、多变的形势下，在不同社会思潮交流、交融、交锋的情况下，更需要坚持一元指导，就是要以马克思主义为指导，下大力气对多种

① 习近平：《决胜全面建成小康社会，夺取新时代中国特色社会主义伟大胜利》，《人民日报》2017年10月28日。

文化体系进行整合,以实现文化自信对各方面内容的整合,形成新时期中华文化的崭新风貌,为中国特色社会主义建设提供强大的精神支撑。

中国特色社会主义是中国特色的社会主义,而不是其他的社会主义,中国特色就包括中国的文化。中华文明绵延数千年,有其独特的价值体系;中华优秀传统文化已经成为中华民族的基因,植根在中国人内心,潜移默化影响着中国人的思想方式和行为方式。提倡和弘扬社会主义核心价值观,必须从中汲取丰富营养,否则就不会有生命力和影响力。因此,把文化自信提高到与道路自信、理论自信和制度自信同样的高度,实际是对我们建设的社会主义的最好注释,是回归本源,回到本民族也就是回到本国国情。中华传统文化基础深厚,但在当前形势下,与我国经济发展相比较,中国文化软实力,仍然过于薄弱。如何提高文化软实力?在国际上获得话语权?习近平总书记指出:"提高国家文化软实力,要努力展示中华文化独特魅力,要把跨越时空、超越国度、富有永恒魅力、具有当代价值的文化精神弘扬起来,把继承传统优秀文化又弘扬时代精神、立足本国又面向世界的当代中国文化创新成果传播出去。"[①]文化自信体现了我国综合国力的发展和国际地位的提升,是国家软实力的体现。文化自信要始终与国家发展、民族复兴结合在一起,在发展过程中,要以发展的眼光、开放的胸怀处理历史与现代、国内与国外文化间的关系。同时,不断弘扬我国优秀文化,增强我国文化在国际上影响力,以此推动中国文化自信。

这个新的时代不仅是新科技、新理念、新发展的时代,更是在社会前进的基础上找回中国人优秀品质、优秀文化的时代,中国人的文化自信应该在这个时代被唤醒。文化自信是一个国家、一个民族发展中更基本、更深沉、更持久的力量。没有高度的文化自信,没有文化的繁荣兴盛,就没有中华民族伟大复兴。只有文化建设上去了,国民素质才能上去,国家的文明水平也才能上去。只讲物质利益,不讲精神文明,我们的社会就会变成思想混乱、精神空虚的社会。

---

① 《提高国家文化软实力》,http://china.huanqiu.com/politics/2016-01/8336174.html,环球网,2018年9月6日。

文化应该是这个高速发展的社会的顶梁柱。新时代下，人民日益增长的对美好生活的需求应该包括对自己精神文明的建设，而中国的文化建设相对滞后于社会发展的现象更是不平衡不充分的发展的体现。新时代下，中国应该重拾自己优秀的文化，找到自己的文化底蕴，才能不忘初心。新时代下，我们要对民族文化充满自信，用文化武装自己，相信中国梦终会实现。

从新时代大学生理解中国自信角度学习十九大精神

孙　潇*

摘要：2017年10月18日，中国共产党第十九次全国代表大会在人民大会堂开幕。习近平代表中共第十八届中央委员会向大会作了题为《决胜全面建成小康社会，夺取新时代中国特色社会主义伟大胜利》的报告。大会通过了关于《中国共产党章程（修正案）》的决议，并将习近平新时代中国特色社会主义思想写入党章。中国特色社会主义进入新时代，身为强国一代的青年，对中国自信是否会有着崭新的看法？

关键词：十九大　新时代　中国自信　强国一代

十九大召开这年，我19岁。我庆幸能搭乘时代复兴的列车，以青年的身份与我们的祖国一起迈向新时代。

紧紧跟随世界的脚步，中国特色社会主义走进新时代，承前启后、继往开来的新时代领路人带领全体中华儿女勠力同心，力创佳绩。新时代的中国无时无刻不在向世界展示中国智慧，中国模式逐渐走出去，“一带一路”倡议不停地向世界发出中国名片，代表大国气象的“人类命运共同体”被写入

* 作者为山东大学成仿吾英才班第一期学员，山东大学公共卫生学院2016级本科生。

联合国决议……这一切，无不展现着中国在当今世界舞台上的自信。

从十八大到十九大，我们从懵懂无知的少年变成如今有思想、敢担当的大学生，见证着国家、见证着党的这砥砺奋进的五年，精准扶贫、正风肃纪、反腐惩恶、注重生态、全面改善民生，我们心中充满的是满腔的自豪与骄傲。"可上九天揽月，可下五洋捉鳖"，毛主席重上井冈山时的慷慨豪言如今伴随着"天宫登天，蛟龙下海"皆已成为现实。身为一名中华人民共和国公民，我们看到的是一个不断崛起的祖国，她已跻身世界第二大经济体；看到的是一位智慧的领导人，他受到世界的尊重，不断以他的方式让世界重新认识中国；我们享受的是世界上最先进的基础设施建设；我们生活在外国留学生眼中的"世界上最安全的国家"……当我们的青春遇上新时代，我们是如此幸运，可以用自己的奋斗，见证这个伟大的时代，我们的成就感、获得感、安全感，前所未有地与这个国家的发展、繁荣、昌盛紧紧相连，息息相关。

5000年的中华文化，是中国人勇做时代弄潮儿的深厚历史底蕴和前进动力。中国文化以其兼容包并性，不忘本来，吸收外来，兼而有之，形成中国的文化软实力，不断在高原上去突破高峰。建军90周年的朱日和阅兵，彰显的是中国的军队硬实力，"敢打仗，能打仗，打胜仗"的中国特色强军之路，中国军人时刻以战斗姿态接受人民的检阅。软硬实力托举起的是飘扬的中国旗帜。

中国制度之自信，由十九大报告中所提"两个百年目标三步走"的战略便可见一斑。世界上有多少国家可如中国这般规划数十年乃至百年大计？"党政军民学，东西南北中，党是领导一切的"[①]，坚持党的领导是一切战略落实的基础，是中国特色社会主义制度的根本保障，也是国人自信力的来源。十九大首设党代表通道，代表们在此驻足，与中外媒体交流，畅所欲言。十九大以空前的开放与坦率的自信吸引着全世界的目光。"越自信，越开放"，中国之自信是有底气的，从一穷二白到大国崛起；中国之自信亦非夜郎自大，而是以昂扬之姿在世界狂潮中乘风破浪。中国向世界证明了中国制度

---

① 习近平：《决胜全面建成小康社会，夺取新时代中国特色社会主义伟大胜利》，2017年10月28日《人民日报》。

与理论体系的正确性，给那些希望在加速发展的同时保持其自身独立性的国家提供了全新的选择。习近平总书记3.5个小时的报告是新时代中国特色社会主义理论体系走向成熟的标志。

当今世界舞台上的中国是"到中流击水，浪遏飞舟"，世界那么大，问题那么多，国际社会期待听到中国声音，看到中国方案。新时代，世界赋予中国的是新的历史使命，中国不只是醒狮，更是在世界东方的昂首雄狮，威震四海。大国外交，其目光不只局限于国，中国声音提出的是人类命运共同体，是全球化观点，是全球治理体系，展现的是新时代大国的责任与担当。中国的脊梁挺起来了，中国人有着前所未有的自信力。

"行百里者半九十。"共产党人披荆斩棘，行至今日，带领全国人民走出一条符合中国国情的中国特色社会主义道路。我们正处于决胜全面建成小康社会的关键时期，全面小康不再仅是我们过去政治课本中描绘的轮廓，而是更加贴近我们的生活。新时代，我国社会的主要矛盾转化为人民日益增长的美好生活需要与不平衡不充分的发展之间的矛盾；新时代，青年向往的是美好的生活，是美丽的中国。从十八大到十九大，我们经历初中、高中、大学，我们的成长见证着祖国的成长，从站起来、富起来到强起来，以青年之声为十九大的胜利召开欢呼喝彩，以青年之力为开放自信的祖国建设添砖加瓦。

《山东大学堂章程》中讲道："公家设立学堂，是为天下储人才，非为诸生谋进取；诸生来堂肄业，是为国家图富强，非为一己利家身。"[①]习近平总书记在十九大报告的最后对当代青年提出期望："青年兴则国家兴，青年强则国家强，青年自信则国自信。青年一代有理想、有本领、有担当，则国家有前途，民族有希望。"[②]新时代注定是青年一代的，中国梦注定要在我们青年一代手中实现。我愿用我能够承担起梦想的肩膀，与国家共同成长。

---

① 山东大学档案馆编：《山东省城试办大学堂暂行章程》，山东大学出版社2018年版，第116页。

② 习近平：《决胜全面建成小康社会，夺取新时代中国特色社会主义伟大胜利》，2017年10月28日《人民日报》。

试析能源生态与美丽中国

——学习党的十九大报告心得

曲　鹏*

摘要：十八大以来的五年间，绿色发展理念已深入人心，“绿水青山就是金山银山”成为普遍共识。党的十九大在总结十八大以来生态文明建设基础上，提出大量明晰、可操作的生态环境保护细节，“绿水青山就是金山银山”的发展理念，被细化为多方面的具体部署。我们要按照十九大报告的精神，推进绿色发展，建立清洁低碳、安全高效的能源体系。这将不仅铺就通往“美丽中国”的道路，亦将助力世界生态环境保护。

关键词：十九大　生态环境　能源

生态兴则文明兴，生态衰则文明衰，十八大以来，我国确立了“绿色发展”的新理念。五年间，绿色发展理念已深入人心，“绿水青山就是金山银山”成为普遍共识。十九大在总结十八大以来生态文明建设基础上，提出大量明晰、可操作的生态环境保护细节，“绿水青山就是金山银山”的发展理念，被细化为多方面的具体部署：到2035年建成美丽中国的目标，要推进绿色发展、着力解决突出环境问题、加大生态系统保护力度、改革生态环境监

---

* 作者为山东大学成仿吾英才班第一期学员，山东大学能源与动力工程学院2016级本科生。

管体制。党的十九大报告指出，建设生态文明是中华民族永续发展的千年大计，并对生态文明建设作了全面布局。

文明的存在和发展依赖于生态。实现中华民族伟大复兴的中国梦，生态文明建设是基础。要想发展就要首先找到自己的短板，关于生态文明建设，我们还存在诸多问题。例如，我国改革开放的生产力水平起点很低，是在中西方存在巨大生产力差异的背景下开始的。西方的资本、技术、市场理念与中国极其低廉的生产要素相结合，使我国迅速成为世界低端产业的承接地、世界低端产品的加工基地，规模扩张、要素驱动成为必然的发展方式选择。

然而，经过近 40 年的改革开放，我国经济总量极其庞大，生态承载能力也面临巨大挑战，既有发展方式面临巨大瓶颈。目前，我国每年消耗煤炭 38 亿吨左右，每年消耗的石油已经逼近 6 亿吨。此外，包括土地等其他各种资源都面临使用量的巨大约束。二氧化碳年排放约 90 亿吨左右，农药、化肥的大量使用对土壤造成很大污染，低端产业发展对水体环境破坏更大。对干净的空气、清洁的饮用水、安全放心的食材的需要正成为人民群众的最大渴求。

在党的十八大把生态文明建设纳入"五位一体"总体布局以后，生态文明建设已经取得一些可喜成就。党的十八大以来，以习近平同志为核心的党中央高度重视并大力推进生态文明建设，特别是习近平同志在国家现代化总体布局中对生态文明建设作了系统思考。习近平同志率先作出经济进入新常态的战略判断，把以人民为中心放在核心位置，并进一步提出了"创新、协调、绿色、开放、共享"五大发展理念，在总体发展布局中规划和发展生态文明，形成了新时代中国特色社会主义生态文明观，为推进生态文明建设提供了根本遵循。

这五年，生态环境治理明显加强，环境状况得到积极改善。大气、水、土壤污染防治行动计划取得明显进展，2016 年，京津冀、长三角、珠三角地区 PM2.5 平均浓度比 2013 年分别下降 33%、31.3%、31.9%。5 年来，大江大河干流水质稳步改善，年均新增造林超过 9000 万亩，治理沙化土地 1.26 亿亩，实现了由“沙进绿退”到“绿进沙退”的历史性转变。特别是全面节约资源成效显著，能源消耗强度大幅下降，2016 年单位 GDP 能耗、水耗分别比 2012 年下降 17.9%和 25.4%，这已经成为转型发展的突出亮点。重大生态保护修复工程进展顺利，森林覆盖率持续提升，年均新增造林 9000 万亩，森林面积和蓄积量分别增加 31.2 亿亩和 151 亿立方米，恢复退化湿地 30 万亩，沙化土地面积年均缩减 1980 平方公里。让大地山川绿起来，让人民群众生活环境美起来，美丽中国新画卷正在徐徐铺展。

推动资源节约是中国绿色发展的重点工作之一。十九大报告将降低资源消耗进一步细化为降低能耗、物耗。此前，无论是中国共产党党代会文件，还是生态环境保护规划、生态文明体制改革方案，“物耗”一词都很少出现。这意味着，中国资源节约和循环利用工作将做得更细、更全面。

能源与动力工程专业致力于传统能源的利用、新能源的开发以及如何更高效地利用能源。能源既包括水、煤、石油等传统能源，也包括核能、风能、生物能等新能源，以及未来将广泛应用的氢能。动力方面则包括内燃机、锅炉、航空发动机、制冷及相关测试技术。因此，我对于十九大报告中提出的节能减排规划有更多的想法。

在能源发展新时代，我国能源行业应贯彻十九大报告精神，以能源发展“十三五”规划为指引，构建清洁低碳、安全高效的现代能源体系。优化能源结构，实现清洁低碳发展，是推动我国能源革命的本质要求，是我国经济社会转型发展的迫切需要。根据规划，到 2020 年，我国非化石能源消费比重提高到 15%以上，天然气消费比重力争达到 10%，煤炭消费比重降低到 58%以下。

要实现上述目标，我们就要改变以煤炭为主的能源消费结构。2016 年年初，我国发布《关于煤炭行业过剩产能实现脱困发展的意见》，2016 年全国原煤产量为 33.6 亿吨，同比下降 9.4%，降幅创三年新高。根据国家统计局及海关数据计算，2016 年全国原煤表观消费量为 36.1 亿吨，同比下降 7.7%，创三年来表观消费新低，与 2013 年煤炭消费峰值(42.9 亿吨)比，降幅达16.0%。与此同时，我们要继续推进非化石能源规模化发展，做好规模、布局、通道和市场的衔接,规划建设一批水电、核电重大项目,稳步发展风电、太阳能等可再生能源。同时,进一步扩大清洁能源,尤其是天然气利用的规模,提高天然气消费比重。天然气作为优质、高效、清洁的低碳能源,可与核能及可再生能源等低排放能源形成良性互补,是我国能源供应清洁化、低碳化转型的现实选择。此外,应做好化石能源,特别是煤炭的清洁高效利用。

调整我国能源结构、建立清洁低碳、安全高效的现代能源体系,从方法上看就是要贯彻落实习近平总书记就推动能源生产和消费革命提出的五点要求。

第一,推动能源消费革命,抑制不合理能源消费。要通过建立能权交易等机制,控制我国能源消费总量,有效落实节能优先方针。能源消费贯穿于能源生产、运输和消费的全过程,能源行业自身也应坚持节约优先原则,大力提高能源开发和利用效率。

第二,推动能源供给革命,建立多元供应体系。立足国内多元供应确保安全,大力推进煤炭清洁高效利用,着力发展非煤能源,形成煤、油、气、核、新能源、可再生能源多轮驱动的能源供应体系,同步加强能源输配网络和储备设施建设。

第三,推动能源技术革命,带动产业升级。立足我国国情,紧跟国际能源技术革命新趋势,以绿色低碳为方向,分类推动技术创新、产业创新、商业模式创新,并同其他领域高新技术紧密结合,把能源技术及其关联产业培育成带动我国产业升级的新增长点。

第四,推动能源体制革命,打通能源发展快车道。坚定不移地推进改革,还原能源商品属性,构建有效竞争的市场结构和市场体系,形成主要由市场决定能源价格的机制,转变政府对能源的监管方式,建立健全能源法治体系。党的十九大报告提出:"全面实施市场准入负面清单制度,清理废除妨碍统一市场和公平竞争的各种规定和做法,支持民营企业发展,激发各类市场主体活力。”[①]推动我国能源体制机制变革，就需要调整现有利益结构、加强行业顶层设计。

第五，全方位加强国际合作，实现开放条件下能源安全。在主要立足国内的前提条件下，要在能源生产和消费革命所涉及的各个方面加强国际合作，有效利用国际资源。一方面要继续通过对外合作，扩大能源进口来源、加强进口通道建设；另一方面，要吸收人类文明有益成果，构建系统完备、科学规范、运行有效的制度体系，学习和引进国外先进的理念和技术。

济南的冬天一向雾霾指数很高，但今年天空却始终明媚晴朗，这与济钢停产搬迁有直接关系。

2017 年 4 月 9 日，济南市代市长王忠林在济南市第十六届人民代表大会第一次会议上表示，今年济南要淘汰市域范围内 35 蒸吨以下燃煤锅炉，按时完成济钢等东部老工业区 16 家企业停产搬迁。2007 年至今，济钢累计淘汰炼铁产能 513 万吨、炼钢产能 440 万吨，年产钢量已由最高时的 1200 多万吨压减到 650 万吨。按照山东省政府的计划，在 2017 年 12 月底前，济钢在济南市的钢铁产线将全部安全停产，部分产能向日照钢铁精品基地转移。

4 月 20 日下午，中共中央政治局常委、国务院总理李克强到山钢集团济钢公司考察工作，在已经停产的 4300 毫米宽厚板生产车间，李克强总理对济钢产能转移后的发展寄予厚望。在济钢炼铁厂 3200 立方米高炉生产现场，他指出：“山钢集团日照精品基地建成投产后，将成为区域性的一流钢铁企业，一定会为国家、为山东省做出更大贡献。”[②]

继续实施大气污染治理十大措施，强化精准治霾，推进扬尘、燃煤、工业、机动车尾气、油烟和烧烤污染治理。严格控制煤炭使用总量，淘汰市域范围内 35 蒸吨以下燃煤锅炉，35 蒸吨以上燃煤锅炉全部实现超低排放，实施散煤替代工程，加快推进“外热入济”。加大建筑工地扬尘治理力度，关闭

① 习近平：《决胜全面建成小康社会，夺取新时代中国特色社会主义伟大胜利》，2017 年 10 月 28 日《人民日报》。

② 《中共中央政治局常委、国务院总理李克强来济钢视察》，http://www.jigang.com.cn/jgjtww/weblist.jsp? cid=4192&showtype=11，济钢集团有限公司，2018 年 9 月 5 日。

城乡规划区内全部露天开采的矿山。强化工业污染源治理，按时完成济钢等东部老工业区16家企业停产搬迁。大力推广新能源汽车，新建住宅配建的车位100%建设充电设施或预留充电设施建设安装条件。推进区域大气污染联防联控，实施环境网格化监管，严格路长责任制，确保各项减排限排措施落实到位，努力让泉城的蓝天一天天多起来。

在当今社会，大学生不仅要成为生态文明的宣传者、实践者、推动者，更要成为生态文明发展的引领者。通过我们自身知识的增进，站在时代发展和社会进步的历史高度来推动和引领生态文明建设，才能使自身不断融入生态文明建设，才能带动更多的人投身生态文明建设，生态文明才能在全社会、全民族的共同努力下得到实现和发展。

我们要按照党的十九大报告的精神，推进绿色发展，建立清洁低碳、安全高效的能源体系。加快建立绿色生产和消费的法律制度和政策措施，建立健全绿色低碳循环发展的经济体系。构建市场导向的绿色技术创新体系，发展绿色金融，壮大节能环保产业、清洁生产产业、清洁能源产业。推进资源全面节约和循环利用，实施国家节水行动，降低能耗、物耗，实现生产系统和生活系统循环链接。倡导简约适度、绿色低碳的生活方式。一个个看得见、摸得着的细节，不仅将铺就通往"美丽中国"的道路，亦将助力世界生态环境保护。

中篇 青·思

习近平总书记说:“青年兴则国家兴,青年强则国家强。青年一代有理想、有本领、有担当,国家就有前途,民族就有希望。中国梦是历史的、现实的,也是未来的;是我们这一代的,更是青年一代的。中华民族伟大复兴的中国梦终将在一代代青年的接力奋斗中变为现实。”

勤奋学习是青春远航的动力,增长本领是青春搏击的能量。“小青马”们爱着这个世界的朝朝夕夕,去观察,去思考,去展现山大学子的浩然风采,也肩负起青年马克思主义者的信仰担当。他们以青年人的新姿态,将理论的意趣注入文章,将十九大的精神火种,播向了越来越远的地方。

坚定信念,砥砺前行,青马奋蹄,心灵远飞。这里写下的一字一句,都阐发了真实的“青马”认知,承载了深沉的家国情怀。

“每一代青年都有自己的际遇和机缘,都要在自己所处的时代条件下去谋划人生,创造历史。”无需扬鞭自奋蹄,他们众志成城,梦想,一直在路上。

以青年心筑中国梦

——从十九大看青年与“初心”

熊声悦*

摘要:承载着全国人民的期待,中国共产党第十九次全国代表大会胜利召开。大会以“不忘初心,牢记使命,高举中国特色社会主义伟大旗帜,决胜全面建成小康社会,夺取新时代中国特色社会主义伟大胜利,为实现中华民族伟大复兴的中国梦不懈奋斗”为主题,全文用57个“心”诠释了人心与国心的紧密联系。这是一场有温度的大会。而正是因为一颗中国心,让每个中国人和中国发展紧密联系在了一起。

关键词:十九大　初心　青年　中国梦

党的十九大是在全面建成小康社会决胜阶段、中国特色社会主义发展关键时期召开的一次重要大会,习近平总书记在这次报告中指出:不忘初心,方得始终。作为大会的主题,“不忘初心”亦使人深思。我们既可以感受到中国走向世界舞台的自豪,也可以感受到中国共产党在历史发展中的自信,更能感受到作为一名中国人、一名中国青年的使命感,我们的“初心”是否还在?在这里,“心”有着超越其文字本身的含义,而显得更具温度和力量。

---

* 作者为山东大学成仿吾英才班第一期学员,山东大学外国语学院2016级本科生。

十九大报告中，共谈及57次"心"，从"初心"到"信心"，从"同心"到"心连心"。而"初心"一词最能打动人心，而我们也在用"心"感受时代新变化。当谈及初心，可大到国家，亦可小到个人。中国共产党人的初心和使命是为中国人民谋幸福，为中华民族谋复兴，这亦是激励共产党人奋进的根本动力。而作为一名青年，一位大学生，更应不忘初心，以青年心响应中国之初心，以青年心与中国心共鸣，以青年心共筑中国梦。

一、国之初心，实践以明

国之初心，国以其实力来践行，以时间来见证。九十七年来，为了实现中华民族伟大复兴的使命，无论是顺境还是逆境，党初心不改，矢志不渝，攻克难关。"全党同志一定要永远和人民同呼吸、共命运，心连心，永远把人民对美好生活的向往作为奋斗目标，以永不懈怠的精神状态和一往无前的奋斗姿态，继续朝着目标奋进。"①这里的一字一句都体现着党和的国家坚守的初心与践行的决心，透露着满满的幸福、暖暖的承诺。这种幸福感来源于初心，来源于实现初心过程中艰难与快乐并存的美好。回顾十八大以来的五年所取得的成就，如国内生产总值稳居世界第二；在强军兴军、大力改善民生、基础设施建设、生态文明建设等方面都开创了新局面，为人们带来焕然一新的面貌。作为一名中国人，我很自豪。当我这颗青春律动的心，与国家贴近时，自然成为享受幸福的一员，也成为见证国之实力的一分子。

二、青年之心，铭记以行

国之初心，与每一位中国青年的初心紧紧相连。每个人都拥有着多重身份，或是一位工作者，或是一位长辈父亲，或是一个孩子，或是一名学生，诸如此类。作为一名中国青年，我们应当感到自豪，并应拥有为中华民族复兴而奋斗的使命感。我们关注党的十九大，关注国家大事，同时我们也受着这类事的精神鼓舞，得到正确的方向指引，因此，国之初心一定程度上影响

① 习近平：《决胜全面建成小康社会，夺取新时代中国特色社会主义伟大胜利》，2017年10月28日《人民日报》。

着每一位青年个体。值得思考的是，国之初心也应当落实到每一位中国青年心中。

青年之初心，关乎大学初心的践行，关乎社会初心的坚守。作为山大学子，应当不忘自己的初心，理应知晓山东大学的初心，为国之初心助力。2017 年 11 月，我有幸参加“书记有约”讲座，山东大学党委书记郭新立的演讲里最令人印象深刻的是他将十九大主题和山东大学发展紧密结合起来，再落实到每一位山大学子的学习生活中。他说，十九大报告以“初心”开篇，以“青年”结尾，强调“青年兴则国家兴，青年强则国家强”，青年给祖国发展注入活力。年轻的一代，可能正咬紧牙关负重前行，但已足够幸运，也可以用自己的奋斗见证这个时代的伟大。青年的地位不言而喻，青年的初心亦须同国家初心共同律动。郭书记从十九大的关键词讲起，重点阐述的是“初心”一词，从国家的初心，看山东大学的初心。山东大学的初心，与其百年校史息息相关。山东大学作为中国第一所按章程办学的大学，以“为天下储人才，为国家图富强”为办学宗旨，以“学无止境，气有浩然”为校训，以“世界一流大学”“培养最优秀的本科生”为目标，山东大学的初心是为国家培育真正的有思想、有学识的人才，为国家图富强。随着时代发展，初心未变，但又富有了新的含义。当我们明白了山大的初心，了解作为一名山大人的初心，那么实践的方向也就明确了。而我们的初心，关乎大学，关乎社会，关乎国家，正如十九大报告中习近平总书记提及的国家初心，也在不同程度地影响每个中国人的心，或是鼓舞，或是坚定，或是自信，或是幸福。

范曾先生曾在山大做有关“初心”的讲座，他提到守护初心是不为外物所动的“根本善”，人如此，国亦如此，大家追寻的是美好而友善的社会生活。《大学》开宗明义：“大学之道，在明明德，在新民，在止于至善”，解释了大学之初心。“初心”的定义，可以是孟子“大人者，不失其赤子之心者也”，可以是“人之所以不学而能者，其良能也；所不虑而知者，其良知也”。良知储存于赤子之心中[①]。作为青年，应当坚定初心和理想信念，志存高远，脚踏实

① 参见范曾：《宇宙无限　初心不朽》，http://www.xinhuanet.com/shuhua/2016-12/29/c_//20214999.htm，新华网，2018 年 9 月 6 日。

地;应当把自己和国家联系起来,共同为美好而奋斗;应当学习文化知识,用时间去践行初心。

三、心心相连,筑梦中华

我以我心建国心。一个国家,离开了人是空洞的;一个人,离开了心是缺乏温度的。中国梦的实现、中国心的绽放、需要每一个个体的人心来铸造,当每个人都真心感到幸福了,国之初心亦可实现。同时,每个个体又应把中国初心铭记于心,当作目标与方向,国之初心与青年初心紧密相连,心与心产生共鸣,有助于中国梦的实现。

中国梦的实现也离不开个人"心"的美好相通,离不开每一个个体对于"初心"的坚守,这也许就是习近平总书记反复强调"初心"的深层原因。从"我"到中国,从中国到世界,我们所面临的不只是全民族精神大厦的建设,更是全世界人心的救赎。我们应该永远铭记与呵护这些在中国文化史上出现的光辉之词:初心、根本善、至善、赤子之心……为中华民族伟大复兴而不懈奋斗。作为一名学子,理应牢记初心,牢记中华文化带给我们有关于"初心"的启示,奋蹄向前。追求中国梦,一直在路上。

没有英雄，我们就是出路

——致每一位奋斗中的新青年

徐　洋*

摘要：青年兴则国家兴，青年强则国家强。作为时代的弄潮儿，我们青年应该如何顺应社会历史发展，勇博创新，锐意进取，让自己成为自己的英雄，为个人与集体的发展开辟新出路。新时代的青年，更要不忘初心，坚定理想信念，为国家的进步贡献一份绵薄之力。

关键词：十九大　青少年　英雄　初心　奋斗

党的十九大已经落幕，习近平总书记3.5小时3万多字的报告传播的热度却经久不衰。十八大以来的这极不平凡的五年不仅让我们明白，奋斗才能铸就辉煌，更让我们清楚看到，作为青少年，不能做"愤青"，而要去做勇于承担起时代责任的"奋青"。让自己成为自己的英雄，为中国更进一步的发展开辟坦途。

英雄不求死气沉沉的稳妥，而要生机勃勃的沉浮。所以我们伟大的领导者不忘初心，牢记使命，敢于登上起伏不定的小船，敢于向着未知跑步前进，敢于踏平坎坷之路，而不是患得患失地转向无数人走过的、更为安全的

* 作者为山东大学成仿吾英才班第一期学员，山东大学能源与动力工程学院2016级本科生。

平常道路。

中华民族是历经磨难、不屈不挠的伟大民族，中国人民是勤劳勇敢、自强不息的伟大人民，中国共产党是敢于斗争、敢于胜利的伟大政党。回想起我们党艰难行进之路，难免心中泛起辛酸。自1840年以来，经历鸦片战争的中国被强行拖入西方资本主义市场体系，逐步沦为半殖民地半封建社会，面对外来剥削和压迫，民族愈发危难，国运衰微。于此，为承担起民族独立、人民解放、国家富强的历史责任，中国共产党人责无旁贷。历经近百年的风风雨雨，中国实现了伟大的历史转变，开辟了中国历史的新纪元。十八大以来，中国在经济、政治、文化、社会、生态文明方面取得的成就有目共睹，不可磨灭的大国形象在国际中也逐步树立起来。

所有民族在追求公正的道路上都有可能受阻，但无论如何不能丧失信心和勇气，不能把腐败和不公视为正常，也不能把罪责推给历史和文化，而必须成为自己的英雄，将民族复兴当成每一个青少年的现实责任。追求更好是所有民族的共性，中国自然不会例外。

熊培云说过，一个国家的尊严与解放，还是要从国家内部生长出来，人不自救，何来他救。中国共产党很好地做到了这一点，不仅肩负起自己的历史责任，还引领全国人民走向了适合中国发展的社会主义道路。共产党不仅发展了自己本身坚忍不拔、敢于创新的优点，还认清了自己在历史上的过错。正如冯骥才在《一百个人的十年》中所言："历史的过错原本是一宗难得的财富，丢掉这财富便会陷入新的盲目。"[①]中国共产党拥有这笔财富，为中国发展道路打开了照明灯。

作为山大之子，社会主义的接班人，我们要勇敢地承担起时代责任，借鉴十八大以来这五年的伟大经验，为实现中华民族的伟大复兴贡献自己的一份力量。

《自由在高处》中记载了这样一则小故事：在伽利略因为害怕"皮肉之苦"而选择妥协后，他的学生安德雷亚怒气冲冲地质问他："没有英雄的国家

① 冯骥才：《一百个人的十年》前记，江苏文艺出版社1991年版，第2页。

真不幸！酒囊饭袋！保住一条狗命了吧？”而伽利略回答道：“不，需要英雄的国家真不幸！”我们的世界没有英雄，我们也不需要英雄！现实中不会有超级英雄来解救我们，我们所走的路是一个个共产党人用血肉之躯铺就的，是坎坷的尘路，亦是不死的灵魂。观物外物，思身后身，他们在艰难的时代里勇搏创新，守得一时寂寞，换取万古美名！

中国经历的涅槃之路，“中通外直，不蔓不枝”。因为我们不骄不躁，我们铭记《道德经》的箴言：“持而盈之，不若其已；揣而锐之，不可长保；金玉满堂，莫之能守；富贵而骄，自遗其咎。功成名遂身退，天之道。”①

青少年如果没有一颗足够安分的心，没有远见卓识与过人的胆识，再来多少次选择，历史的发展轨迹也不会发生变化。

念念不忘，必有回响。习近平总书记在十九大报告中也对青少年给予厚望：青年兴则国家兴，青年强则国家强。青年一代有理想、有本领、有担当，国家就有前途，民族就有希望。中国梦是历史的、现实的，也是未来的；是我们这一代的，更是青年一代的。中华民族伟大复兴的中国梦终将在一代代青年的接力奋斗中变为现实。为此，我们应为开创未来而奋斗，不要自觉无力发光就蜷伏于墙角，不要习惯了黑暗就为黑暗辩护。当代学者周濂曾在书中写道：你永远都无法叫醒一个装睡的人。如果每个人都守着一种“事不关己，高高挂起”的态度，那么我们就会沉浸在一种大众一起装睡的集体意识中，这无疑是我们灵魂的退化、我们时代的退步。作为接班人，既然我们明白逝者如斯，就要只争朝夕，珍惜并把握每一个正在流逝的瞬间。

毛主席说：“世界是你们的，也是我们的，但是归根结底是你们的。你们年青人朝气蓬勃，正在兴旺时候，好像早晨八九点钟的太阳。希望寄托在你们身上。”历史车轮滚滚向前，时代潮流浩浩荡荡。历史只会眷顾坚定者、奋进者、搏击者，而不会等待犹豫者、懈怠者、畏难者。当年吴钩，申城淬火。受命之日，寝不安席。让我们砥砺前行，既然目标是地平线，留给世界的，就只能是背影。

---

① （春秋）老子著，任犀然主编：《彩图全解道德经》，中国华侨出版社2013年版，第44页。

我们前进的道路铺满阳光

许博涵*

摘要：研究十九大报告，结合青年马克思主义者以及医学生的身份谈谈对十九大的理解。中国特色社会主义是党和人民的历史选择、必须牢固树立中国特色社会主义道路自信、理论自信和制度自信，必须牢固树立中国特色社会主义文化自信，必须正确认识和把握我国发展的阶段性特征。

关键词：十九大　青年马克思主义者　医学生

2017 年 10 月 18 日到 10 月 24 日，中国共产党第十九次全国代表大会在北京召开。10 月 18 日上午 9 时，中国共产党第十九次全国代表大会在人民大会堂开幕。习近平代表第十八届中央委员会向大会做了题为《决胜全面建成小康社会，夺取新时代中国特色社会主义伟大胜利》的报告。

这次大会的主题是：不忘初心，牢记使命，高举中国特色社会主义伟大旗帜，决胜全面建成小康社会，夺取新时代中国特色社会主义伟大胜利，为实现中华民族伟大复兴的中国梦不懈奋斗。

这是中国共产党的一次盛会，也是中国发展的一个重要事件。为我们继续深入进行伟大斗争、建设伟大工程、推进伟大事业、实现伟大梦想，提供了理论指导，指明了前进的方向。十九大同样给我们这些青年马克思主义

---

* 作者为山东大学成仿吾英才班第一期学员，山东大学基础医学院 2016 级本科生。

者提供了详尽的理论指导,每个人受益颇多。

中国特色社会主义是历史和人民的选择。

社会主义是中国历史的必然选择,一个国家、一个民族要选择什么样的社会制度,都是与其历史发展走向密切相关的。自鸦片战争以后,一大批中国的有识之士希望从制度层面对中国进行改革,以此来救中国民众于水深火热之中,并寄希望于西方资本主义。从戊戌变法、百日维新,再到孙中山领导的辛亥革命,虽然取得了一些成果,但最终还是以失败告终。历史告诉我们,资本主义在中国走不通,资本主义是不能救中国的。就在中国人民为救国道路感到迷惑的时候,十月革命一声炮响,为我们送来了马克思列宁主义。中国的先进分子把马克思列宁主义与中国革命的具体实践相结合,选择了社会主义的道路,带领中国走出了半殖民地半封建社会,直到现在取得了如此大的成就。所以,中国特色社会主义是历史和人民的选择。

必须牢固树立中国特色社会主义道路自信、理论自信和制度自信。

党的十八大以后,中国特色社会主义进入了新的发展阶段。历史的发展过程中,中国特色社会主义不断取得重大成就。国民经济保持持续、快速、健康发展,现代化建设事业稳步前进,综合国力和国际竞争力显著提高,人民生活总体上达到小康水平。在可持续发展战略、科教兴国战略和人才强国战略的推动下,国家创新体系、科技基础设施和自主创新能力建设得到加强。载人飞船成功返回和绕月探测卫星的发射,标志着中国的科技研究的一些"高、精、尖"领域已经跨入世界先进行列。全方位对外开放取得新突破,形成全方位、多层次、宽领域的对外开放格局。社会主义民主政治建设取得重要进展,社会主义精神文明建设成效显著。

必须牢固树立中国特色社会主义文化自信。

文化具有极强的渗透性、持久性,既像空气一样无时不在、无处不在,又像水一样润物无声、包容一切,它深深蕴涵在每个人的意识里,表现在每个人的行为体验和日常道德之中,人们的一举一动、一言一行,都受文化的熏陶,是由心灵内在向行为外在的文化体现。一个民族文化的形成,总是植根于民族的沃土之中,需要经过时间的淘洗、实践的锤炼,是一个不断积累积淀的过程[①]。文化是一个国家的软实力，中华民族有着5000年的历史，孕育了无数绚丽多彩的文化，博大精深，源远流长，我们必须对自己的文化有着发自内心的自信，由此才能带给文化以进步和发展，同时增强民族凝聚力与自豪感。

必须正确认识和把握我国发展的阶段性特征。

现在，中国特色社会主义进入了新的发展阶段，在"7·26"重要讲话中，习近平明确指出："党的十八大以来，在新中国成立特别是改革开放以来我国发展取得的重大成就基础上，党和国家事业发生历史性变革，我国发展站到了新的历史起点上，中国特色社会主义进入了新的发展阶段。"正如习近平所指出的：中华民族实现了从站起来、富起来到强起来的历史性飞跃。当前，我们正处在决胜全面建成小康社会、夺取中国特色社会主义伟大胜利、实现中华民族伟大复兴中国梦的新阶段。

医学生的十九大

十九大对于中国的发展有着很强指导作用，我不只是一个青年马克思主义者，还是一个医学生，十九大对于我这样一个普通的医学生又有怎样的感触呢？医学生可以从"医"和"学生"的两个角度分别考虑。首先，从"医"的方面来说，十九大的报告中提出实施健康中国战略，继续深化与人民生命生活息息相关的医药卫生体制的改革，完善国民健康政策，在这个新时代更加重要。再从"学生"的方面，现阶段是中国特色社会主义新的发展阶段，也是一个社会需要人才的时代。国家给了我们学习的机会，我们应当刻苦努力学习科学文化知识，以后在各自的领域为祖国做出一份贡献。

不忘初心，继续前行。十九大报告指出，"青年兴则国家兴，青年强则国家强"[②]，大学生是青年一代重要组成部分，作为大学生的我们，一定要牢记时代的使命，努力学习，树立目标，并为之坚定不移地奋斗。我们的心胸燃烧着希望，我们前进的道路铺满阳光！

---

① 《坚持中国特色社会主义文化自信》，http://www.wemming.cn/11-pd/whjs/2010121t20161205.3923495.shtml，中国文明网，2018年9月5日。

② 习近平：《决胜全面建成小康社会，夺取新时代中国特色社会主义伟大胜利》，2017年10月28日《人民日报》。

初心未改，使命犹在

——习近平新时代中国特色社会主义思想指引下青年个人理想与中国梦的融合

解梦华[*]

摘要：2017年10月18日，习近平总书记在中国共产党第十九次全国代表大会上首次提出“新时代中国特色社会主义思想”。新时代中国特色社会主义思想是全党全国人民为实现中华民族伟大复兴而奋斗的行动指南，是马克思主义中国化的最新成果，是党和人民实践经验和集体智慧的结晶，闪耀着马克思主义真理光辉，对过去五年党和国家事业开创新局面发挥了重要指引作用，也必将引领中华民族走向更加辉煌的未来。那么，在习近平新时代中国特色社会主义思想的指引下，广大青年从思想认识到实践行动又该有何作为呢？我想，在伟大中国梦日益深入人心、全国各族人民为之振奋拼搏的时代大潮当中，如何将个人的理想抱负与国家的宏伟蓝图相融合，才是青年一代作为民族蓬勃新生力量和时代希望应当深思的问题。

关键词：不忘初心　牢记使命　习近平新时代中国特色社会主义思想　青年个人理想　中国梦

---

* 作者为山东大学成仿吾英才班第一期学员，山东大学哲学与社会发展学院2016级本科生。

2017年10月18日，我党胜利召开的十九大，铸就了又一个里程碑，这个秋天，注定硕果累累。习近平总书记在大会上首次提出的"新时代中国特色社会主义思想"，成为全党全国人民为实现中华民族伟大复兴而奋斗的行动指南，是马克思主义中国化的最新成果，是党和人民实践经验和集体智慧的结晶，闪耀着马克思主义真理光辉，对过去五年党和国家事业开创新局面发挥了重要指引作用，也必将引领中华民族走向更加辉煌的未来。那么，在习近平新时代中国特色社会主义思想的指引下，广大青年从思想认识到实践行动又该有何作为呢？我想，在伟大中国梦日益深入人心、全国各族人民为之振奋拼搏的时代大潮当中，如何将个人的理想抱负与国家的宏伟蓝图相融合，才是青年一代作为民族蓬勃新生力量和时代希望应当深思的问题。

不忘初心，方得始终。正如习近平总书记在报告中着重强调的，中国共产党人的初心和使命，就是为中国人民谋幸福，为中华民族谋复兴。这个初心和使命是激励中国共产党人不断前进的根本动力。"中国梦"对中华民族未来的发展方向起着至关重要的作用，中国人民对中华民族伟大复兴的美好希望和愿景也沉甸甸地寄托于"中国梦"之中；它是全体国民不断追求的梦想，是亿万人民世代相传的夙愿，每个中国人都是中国梦的参与者、创造者。而我们青年一代作为在新时代中成长起来的民族的新兴力量和新希望，在国家发展的蓝图之中更应发愤图强，不忘初心，时刻谨记自身的目标与理想，以坚定的信仰作为自己前进路上的指引和动力；在追逐自我价值与意义的同时，更为重要的是勇于承担作为社会主义事业接班人的历史使命与责任。将自身理想的设定融入国家发展的大局之中，以高度的社会责任感和民族自豪感，用个人目标和理想的实现助力伟大中国梦，为中华民族的伟大复兴贡献自己的微薄之力。

习近平总书记在"五四讲话"中讲道："谁打造了青年人才，谁就到打造了面向未来的制高生长点。[①]""学如弓弩"的名言也被习近平总书记用来号召青年发奋学习。五四讲话中，习近平总书记将讲话内容牢牢与青年才能

---

① 《习近平在北京大学师生座谈会上的讲话(全文)》，http://edu.people.com.cn/n/2014/0505/c1053-24973276.html，人民网，2018年9月5日。

的培育和激发挂钩，提出了对青年一代通过脚踏实地的努力和奋斗，不断完善自己，用真本事实现人生价值，成为中国梦实现过程中可堪大用、能担重任的时代英才的期望和勉励。[①] 我想，从我们青年个人切实的成长发展角度来看，助力中国梦首先要实现自身的成才。何为成才？成才就是能够成为对国家、对社会、对人民有用的人才，成为合格的新时代社会主义现代化建设的建设者和接班人。具体落实到实处，我认为，一方面丰富而坚实的知识必不可少。这其中既包括精深的专业知识，又有广博的非专业知识，既包括积累丰富经验，又包括升华理论知识；另一方面，正如毛主席说的“身体是革命的本钱”，而在越来越注重以人为本的现代社会，心理健康与身体健康同等重要。因此，健康的身心是新时代接班人和建设者的基本素质需要。此外，在全球化加速发展的今天，全球视野和国际眼光以及敢于创新的思想和气魄是新时代青年最关键的能力和品质。青年是经济和社会发展最活跃的生产要素，具备了全球视野和国际眼光，青年就能面对国际和国内市场的变换，更好地发挥主力军作用。

与此同时，不断明确并适时调整人生的前进方向，于国家梦和青年个人理想的实现都至关重要。当代青年，要立足时代发展需要，树立崇高理想，追求人生价值。正如爱因斯坦所说：“每个人都有一定的理想，这种理想决定了他的努力和判断的方向。”崇高的理想使我们在人生的前进道路上奋勇争先，永不言弃；其次，仰望星空的同时应不忘脚踏实地。今天的青年要真正为实现中国梦养精蓄锐，积蓄力量，就必须脚踏实地，不断用知识丰富自我，用实践成就自我。再次，自身道德修养和思想境界的提高也不应忽视。青年们应在生活与学习中不断提高道德修养，以德立身，厚德载物。

中国梦的实现，任重而道远。但在这个机遇与挑战并存、希望与考验同在的新时代，当代青年要在习近平新时代社会主义新思想的指引下强化自身责任感和使命感，要时刻以实现“中国梦”为己任，以高度的社会责任感和历史使命感，把个人的成长进步融入到推动国家发展、民族振兴的时代洪流

① 参见田雪君：《当代青年与中国梦论文》，https://wenku.baidu.com/view/9eccaee3d15abe23482f4d82.html.

中去，矢志为实现远大理想而不懈奋斗。

青年们，国家民族伟大复兴的新时代，正是我们迎风破浪、大展拳脚的关键时刻，怀抱个人的理想与抱负，放眼国家的宏图伟业，关注国内外形势，准确定位，目标笃定，将自身的理想抱负融入祖国建设发展的宏图伟业中去，让年轻的生命满载青春的力量，在新时代蓝天下展翅高飞。

青年人充满阳光，中国更有力量

陈门迪*

摘要：“少年智则国智，少年强则国强”，本文围绕十九大精神论述青年在中国发展中的作用。以习近平总书记对青年的讲话为主线，通过对《习近平的七年知青岁月》《给青年的一封信》等书和文章的解读，论证青年榜样的重要性，并指出青年有理想、有本领、有担当、肯奉献才能使国家更有力量、民族更有希望。

关键词：青年　理想　信念　担当　奋斗　十九大　习近平

2014年5月4日，习近平总书记在北京大学师生座谈会上提道：“青年的价值取向决定了未来整个社会的价值取向，而青年又处在价值观形成和确立的时期，抓好这一时期的价值观养成十分重要。这就像穿衣服扣扣子一样，如果第一粒扣子扣错了，剩余的扣子都会扣错。”①

确实如此，正如古语所说：“凿井者，起于三寸之坎，以就万仞之深。”②人生的扣子也应当从一开始就要扣好。青年要从现在做起、从自己做起，使社会主义核心价值观成为自己的基本遵循，并身体力行大力将其推广到全社

---

* 作者为山东大学成仿吾英才班第一期学员，山东大学能源与动力工程学院2016级本科生。

① 《习近平在北京大学师生座谈会上的讲话(全文)》，http://edu.people.com.cn/n/2014/0505/c1053-24973276.html，人民网，2018年9月5日。

② (北齐)刘昼：《刘子·崇学第五》，http://www.guoxue123.com/zhibu/0301/ooliuz/oo6.htm，国学导航，2018年9月5日。

会去，把自己的理想、才华、青春、热血和汗水毫不保留地献出，那我们的国家便会因我们无数微薄力量的汇聚而更加强大。

"少年智则国智，少年强则国强"，诚不我欺。

再读《习近平的七年知青岁月》，愈加佩服习近平总书记坚忍不拔、坚毅刚强的性格，也愈加钦佩他自强不息、志存高远的情怀。从1967年为插队而离京，乘上那趟前往西安的"知青"列车。在"穷乡僻壤"的梁家河，一干便是7年。

他在村子里拾粪，扁担把他肩上的一层皮磨掉了，然后成茧；他在别的知青都纷纷离开之后，自己仍"安于现状"，在梁家河当百姓们的村支书，他带领村民建造了一个沼气池，建立了钢铁协会和缝纫协会，他用了7年的岁月贴近黄土地，靠近农民，根植于农村，尽管前方没有"天将降大任于是人也"的提前感知，却有了现实中的"苦其心志，饿其体肤，空乏其身"的感受与经历，最终在艰难的环境中成长起来，成为党和国家的领袖。

这也告知我们新一代人，经历就是财富，苦难就是锻炼。而在苦难与磨练之中坚持下去凭借的是信仰。相信光明会照耀大地，相信雨露会滋养万物，相信彩虹会在风雨后出现。

习近平总书记曾说："青年是标志时代的最敏感的晴雨表。"[①]作为青年大学生，我们更应该以习近平总书记为榜样，紧追其后。

生命漫长，只有激流勇进，才能到达光明的对岸。理想是我们精神世界的核心，是人精神上的"钙"。没有坚定的理念，精神就会缺"钙"。远大的理想、坚定的信念，是我们健康成长、开创未来、奉献祖国的精神支柱和前进动力。理想带有时代的烙印，源于现实，超越现实。我们要响应党的十九大号召，积极实现中华民族伟大复兴的中国梦，积极培育和实践社会主义核心价值观。

青年人的理想信念，对自己的人生之路乃至国家的发展之路都会产生巨大影响。但是，最近很火的"佛系青年"让人担忧。佛系青年，简单说，就

---

① 《学习有方：习近平妙答青年四问》，http://politics.people.com.cn/n/2015/0725/c99014-27359504.html，人民网，2018年9月5日。

是不争不抢，不求输赢，万事随缘，事来经心，事过无痕。当“佛性”与“90后”连在一起，似乎就有了一种“青年危机”的严重性。青年，是祖国建设的主力军，应该生气勃勃、兴旺发达、奋发上进，怎么可能以这样一种保守自足、无欲无求的面貌出现呢？

如果你不勇敢地在水流中前进，你就会被急流冲走。艰苦奋斗是我们的传家宝，那种认为“艰苦奋斗是老一辈的事，当代青年不需要”的观点是错误的。物质生活的改善、社会观念的改变，只是赋予艰苦奋斗以新的时代内涵和实践要求，但艰苦奋斗的精神是不会过时的。我们要把敢于吃苦、勇于奋斗的精神落实到日常的生活、学习、工作中。刻苦钻研，孜孜不倦地学习理论。奋发图强，不畏艰险，努力实现人生梦、中国梦。

看了《给青年的一封信》，让我更有担当。因为我知道我所站立的地方，正是我的祖国；青年兴则国兴，青年强则国强。

我们活在最好的时代，活在最好的中国，又怎能不充满能量，将其延续下去。泱泱中华，虽历经风雨，却仍然能够以坚忍不拔、傲气凛然的姿态向世界之巅迈进。这其中有着多少伟人的披肝沥胆、兢兢业业，他们为中华富强奠定了基石，而如今，我们青年人怎能辜负先辈们的期望。

2017年10月18日，中国共产党第十九次全国代表大会胜利召开，习近平总书记在报告中指出：“人民对美好生活的向往，就是我们的奋斗目标。”报告还指出：“青年兴则国家兴，青年强则国家强。青年一代有理想、有本领、有担当，国家就有前途，民族就有希望。”习近平总书记在一次讲话中指出：“中国梦是历史的、现实的，也是未来的；是我们这一代的，更是青年一代的。中华民族伟大复兴的中国梦终将在一代代青年的接力奋斗中变为现实。”①

其实，每个人都能成为自己岁月的有心人，只是想不想成为的问题。摔倒时，能不能重新站起来？面对诱惑的时候，能不能拒绝？面对那些看起来简单的“小事”，我们又能不能踏踏实实地去完成？这才是这个时代对于青

---

① 习近平：《决胜全面建成小康社会，夺取新时代中国特色社会主义伟大胜利》，2017年10月28日《人民日报》。

年灵魂深处最深的拷问，也是对青年成长成才最大的考验。

雷锋已经离开我们多年，为什么在这个时代我们仍无数次地呼吁要寻找、唤醒雷锋精神？那是因为雷锋用他的生命向我们展示了"什么叫平凡工作岗位上的不平凡"。无论是离开我们很久的雷锋，还是如今我们所提倡的"大国工匠精神"，这个时代，我们一直都在渴求有心人的出现，一个能够深入基层、扎根群众中的"有心人"。

理想和现实之间，不变的是跋涉，过去和未来之间，不变的是奋斗。进入新时代，中国强了起来。中国青年，要拿出一往无前的奋斗姿态，向前奔跑，梦想便会抵达。

沧桑虽经数千年，愿你归来仍是少年貌

孙彧炜*

摘要：“念念不忘，必有回响”，习近平总书记在十九大报告中对青年一代提出了殷切期望。然而纷繁复杂的现代社会，使“利己主义”思想甚嚣尘上，“大国国民心态”缺失以及青年群体中出现迷茫、怠惰情绪等问题日益凸显。在这样的社会大环境下正确把握社会思潮、明确个人理想、坚定个人信念尤为重要。当代青年应胸怀天下，心存仁义，不做“琥珀青年”，发挥青年一代的活力与创造力，让中国梦在一代代青年的接力中变成现实；勇做奋进者，不负新时代。

关键词：十九大　中国青年　个人信念　利益　大国国民心态

站在960万平方公里的广袤土地上，你是否感受到属于青春的气息？是否听到中国梦与新时代交织奏成的乐章？又是否做好准备，在这散发朝气与蓬勃的年岁中用拼搏迎接未知与挑战？是的，这是年轻的一代，是青年的一代；这是一个给予更多人期待的时代，但同时也是一个充斥着迷茫的时代。在中国历史发展的每一个阶段中，青年一代从未缺席，年轻而充满朝气的青年一代，是最新鲜的血液、最有力的脉搏。在新时代的潮头之上，年轻

* 作者为山东大学成仿吾英才班第一期学员，山东大学能源与动力工程学院2016级本科生。

的我们应当带着善良与勇敢，坚定、奋进、搏击，唯有安定自我、确立目标、保持善良，才能不忘初心、砥砺奋进、继续前行。

马克思认为："人们奋斗所争取的一切，都同他们的利益有关。"[①]恩格斯说："每一个社会的经济关系首先是作为利益表现出来。"[②]不得不说，现在有的人更加利益化、功利化，几乎沦为"精致的利己主义者"。我们生活在一个开放的文化环境之中，追求自身名誉、获得他人赞誉无可厚非。若这种狭隘的心态和思想盛行，则很难有真正在众人心目中立起来的人物。罗马哲学家塞涅卡曾言："茅草屋顶下住着自由的人，大理石和黄金下栖息着奴隶。"那么有人会说，这些话都是假大空，又有几人不是在谋着一己之私利呢？但总有一些人，他们在这个过程中，始终怀揣善良与信念，在自己的一路前行之中，不忘为别人种出一路鲜花。习近平总书记在访问韩国时曾引用过这么一句话："以利相交，利尽则散；以势相交，势去则倾；唯以心相交，淡泊明志，友不失矣。"[③]利益或许可以维持一段关系，但却无法拉近两颗心。这个世界上，钱权名利带来的热闹很多都烟消云散了，但内在的蓬勃和丰富、真诚的善良与关怀却可以绵亘得长久。新时代的青年更应该秉持着这样的思想，砥砺前行。

如今的中国，正在以前所未有的速度发展着，前所未有地靠近世界中心的我们也更加充满底气和自信。在关乎国家主权利益的大事上，我们的外交渐渐强硬起来，我们也逐渐开始变得能说、敢说，这一切都源于中国的日渐强大。而在这个国家逐渐强大起来时，青少年一代似乎还缺乏应有的"大国国民心态"。其实，这些现象便是大国国民心态缺失的表现，是一种来自旁观者的发声，是一种不自信、不负责的体现。举例来讲，十年前出国，你所感受到的也许是震撼和畏惧，而十年后的今天，当你走出国门，你会发现自己变得充满底气。为什么会有这么巨大的变化？因为我们中国强大了，我们改变着国家，国家也在改变着我们。中国的"一带一路"倡议可谓举世惊

① 马克思、恩格斯：《马克思恩格斯全集》第1卷，人民出版社1956年版，第82页。

② 马克思、恩格斯：《马克思恩格斯全集》第2卷，人民出版社1957年版，第537页。

③ 浙江大学古籍研究所：《文中子・礼乐》《中说・礼乐》，《中华礼藏・礼乐卷・乐典之属・第一册》，浙江大学出版社2016年版。

叹,为何美国理不清的错综复杂的局势,到中国这里便迎刃而解了呢?这正是因为我们中国讲究的是“天下精神”,我们不在意肤色、不在意文化、不在意宗教,我们清楚地懂得权衡国家的道路是靠头脑而不是情绪。所以用天下精神来走“一带一路”,我们走得通;而用挥舞着大棒的霸道来走“一带一路”,肯定走不通。因此,作为年轻一代的我们更应当充分了解中国跟世界的关系,理解中国奉行的政策与理念。过分的偏激和一味对抗不是我们中国的智慧,一个懂得在强大时克制的民族才是真正值得尊重的民族;胸怀天下、心存仁义才是真正的中国青年。

“人生不止眼前的苟且,还有诗和远方。”这句话在近几年常被追求理想的青年们作为捍卫梦想的工具。然而,当他们带着这句话在现实中屡屡碰壁时,当生活的艰难从四面八方扑来时,迷茫之中的他们或许才认识到,“生活中鲜有诗和远方”。习近平总书记在十九大报告里曾讲道:“青年一代有理想、有本领、有担当,国家就有前途,民族就有希望。”[①]目标的缺失是迷茫的开端,这其中不乏世俗教育的桎梏,但更多的是源于现实社会的重击。记得罗曼·罗兰说过:“世界上只有一种英雄主义,就是在认清生活的真相之后,依旧热爱生活。”[②]习近平总书记在十九大报告中的话萦绕耳畔:“我们不能因现实复杂而放弃梦想,不能因理想遥远而放弃追求。”[③]青年一代,是最美好而灿烂的一代,每个人在追梦的路上都会受阻,但不论如何都不应失去勇气,同样也不应把罪责推给时代,一个时代永远是公平的,而做出选择的是我们自己。以梦想为诗、以责任为远方,我们就在这最好的时代中跨越所有的苟且,在坚定不懈的奋斗中书写人生华章。

中国的青年,不能是“琥珀青年”,关进琥珀的昆虫,就算色泽再光鲜,也已失去生命力与创造力。我们看到,尽管这个时代有它的病痛之处,尽管这个时代的青年也存在思想的隐疾。但我们也应该看到,在共产党人永不停

---

① 习近平:《决胜全面建成小康社会,夺取新时代中国特色社会主义伟大胜利》,2017年10月28日《人民日报》。

② [法]罗曼·罗兰著,傅雷译:《米开朗琪罗传》原序,三联书店1999年版,第26页。

③ 习近平:《决胜全面建成小康社会,夺取新时代中国特色社会主义伟大胜利》,2017年10月28日《人民日报》。

滞的努力下,这个时代同样充满着温暖与力量,散发着中华民族伟大复兴之梦的光芒。中华民族是历经磨难、不屈不挠的伟大民族,中国人民是勤劳勇敢、自强不息的伟大人民,而中国青年应该是只争朝夕、勇于开创,不犹豫、不懈怠、不畏难,继承了中国共产党铮铮傲骨的伟大青年。我们不是用青春做明天的赌注,而是用青春的力量托举出更加美好的明天。习近平总书记说,中华民族伟大复兴的中国梦终将在一代代青年的接力奋斗中变为现实。这个时代需要青年,更需要理想坚定、志存高远、脚踏实地的青年。以青春之名,不惧风浪之险,无畏失败之痛,证中国之强大,抒国人之自信,勇做奋进者,不负新时代。

新时代，当代青年该何去何从？

——学习十九大报告感想

亓文豪[*]

摘要：十九大胜利召开后，作为新时代的青年人，对于十九大报告有着不同的思考和解读。社会存在决定社会意识，中国的社会现实发生了转变，互联网蓬勃发展、文化和价值选择多元等一系列变革深深影响着青年人的价值观。因此，自省自知，防微杜渐，是我们青年一代应该去思考和实践。

关键词：十九大报告　青年　思考　使命

时间之河川流不息，每一代青年都有自己的际遇和机缘，都要在自己所处的时代条件下谋划人生、创造历史。青年是标志时代的最灵敏的晴雨表，时代的责任赋予青年，时代的光荣属于青年。①

——题记

党的第十九次全国代表大会结束了，十九大报告中指出，中国已进入全面建成小康社会的决胜阶段，处于一个崭新的时代。

* 作者为山东大学成仿吾英才班第一期学员，山东大学机械工程学院2016级本科生。

① 《习近平：青年要自觉践行社会主义核心价值观—在北京大学师生座谈会上的讲话》，http://www.xinhuanet.com/polities/2014-05/05/c1110528066.htm，新华网，2018年9月5日。

习近平总书记在多次讲话中提及青年群体的重要性，将青年这支队伍称作"生力军"，那么在一个新的时代，当代青年应该如何行动呢？

报告中指出，"全面推进中国特色大国外交，形成全方位、多层次、立体化的外交布局"，"中国特色社会主义和中国梦深入人心，社会主义核心价值观和中国优秀传统文化广泛弘扬"[①]。结合两点，我解读为，和平观念深入人心，但大国博弈依旧激烈，我们广泛弘扬的优秀文化就是博弈的一大筹码，因此软实力在新时代的中国尤为凸显，在十九大报告中，我看到了新时代的中国青年们做好思想文化准备的迫切性。

翻开中国的历史，中国青年是一个不可忽视的群体。从99年前的"五四运动"，到92年前的"三一八惨案"，再到83年前的"一二·九救亡运动"，一代代热血的青年人始终为家国安危，为一个光明的时代奔走呼号，站在时代的前列，救亡图存。

中国青年所处环境已变。新的时代，物质极大丰富，价值追求极其多元，既可以为伟大的事业奔走呼号，奋斗不渝，忧天下之忧，也可以为更精彩的自我精雕细琢。但同时也应该看到，享乐主义、拜金主义、官本位思想、知识贬值、读书无用论等观点充斥社会，新时代的青年人，面临极其多样的选择。

"只一自反，天下没有不可了之事。"青年人们应该到哪里去、应该怎样去，是个非常宏大并且复杂的问题，但我想，如果能够分析出当下青年人群尤其青年大学生中出现的一些问题，必将会有助于青年人更好地认识自我。

以下为个人思考的当代青年在思想文化软实力中存在的三点问题。

一、面对错综复杂的网络环境，青年网友需要慎用批判精神

鲁迅精神有三个特点——政治远见、斗争精神、牺牲精神。很有幸，在中学时代我就开始阅读《鲁迅全集》，如今再读，才明白鲁迅先生剑锋所指，矛刺所向。在鲁迅先生的文章中，不论是对封建势力和帝国主义的坚决斗

① 习近平：《决胜全面建成小康社会，夺取新时代中国特色社会主义伟大胜利》，2017年10月28日《人民日报》。

争，还是对旧有思想道德的沉重批判都印证了上述的三个鲜明特点。

而在实现中国梦的攻坚战中，当代鲁迅精神不可或缺，但对于自诩为当代鲁迅的人来说，更多的是仅看到"批判精神"，而缺乏政治远见和牺牲精神。

如果说《新青年》给了那个时代的青年批判和呼号的阵地，那么新时代蓬勃发展的互联网就是新青年批判的阵地。

互联网信息的开放性和交互性给予青年人足够的发声机会，他们可以在网上分享自己对时事的看法，共同探讨，从不同的视角完善认识。

但网络环境的错综复杂、网络信息的真实与否、言论传播的威力如何都是超出预期且难以判断的。因此，在对提高信息甄别能力的问题上，我们仍有很长的路要走。

此外，笔者还看到了很多错误效仿的人，充当"当代鲁迅"。假借正义之名，或义愤填膺，或怒不可遏，甚至"造风、迎风、跟风、追风"，在舆论风暴中心寻求存在感。殊不知，过激的言论和过度的批判，产生了巨大的不良社会影响，应当加以警惕。

鲁迅时代批判的对象是旧社会、旧制度和帝国主义，现如今，批判的对象是社会流弊，批判的环境是信息不全面、不权威、真假难辨。批判精神难能可贵，但如果批判的时、效、度掌握不好，青年便成了高浓度的"愤青"，更有甚者，会直击社会制度和政府公权。

面对信息爆炸、物质丰富和多元价值的现实，一部分青年学生并未具有足够成熟的思考和辨别能力。而这部分青年学生渴望发声的内在需要与尚未成熟的思辨能力严重失调，导致极易被诱导误导，从而极易产生上述行为，这都是我们需要警惕的。

2014年习近平总书记在中央网络安全和信息化领导小组第一次会议中明确提出："做好网上舆论工作是一项长期任务……弘扬主旋律，激发正能量，大力培育和践行社会主义核心价值观。"

习近平总书记同各界优秀青年代表座谈时对青年人提出的五点要求是一剂良方。其中，"一个没有精神力量的民族难以自立自强，一项没有文化支撑的事业难以持续长久。青年是引风气之先的社会力量"[①]尤为显要。

广大青年要把正确的道德认知、自觉的道德养成、积极的道德实践紧密结合起来，自觉树立和践行社会主义核心价值观，带头倡导良好社会风气。要加强思想道德修养，自觉弘扬爱国主义、集体主义、社会主义思想，积极倡导社会公德、职业道德、家庭美德。要牢记"从善如登，从恶如崩"的道理，始终保持积极的人生态度、良好的道德品质、健康的生活情趣。要倡导社会文明新风，热诚关爱他人，多做扶贫济困、扶弱助残的实事好事，以实际行动促进社会进步。[②]

字字珠玑，朴实无华，涵盖了对广大青年人从思想到行动，从理论到实践，从整体到局部的种种寄托与要求，值得每一个青年人思考和学习。

二、在与外来文化的碰撞中，青年一代需要鼓足底气

网络上依然存在着外国一切都好的声音，这多少反映出来，我们的文化还不够自信。

是我们文化出了问题吗？当然不是，问题出在，关于文化，我们仅停留在知道的层面，没有达到内化的高度。习近平总书记在多次论述中强调"增强文化自觉和文化自信，是坚定道路自信、理论自信、制度自信的题中应有之义"[③]。我们没有做到内化，自然没有增强一说，更不能理解坚定四个自信的应有之意。

中国优秀的传统文化和千百年传承的理念，流淌在每个国人血液中，日用而不觉，但提及中国传统文化，多数新青年们却仅停留在京剧、书法、功夫、瓷器上，对此有强烈的认同感却没有强烈的自豪感，尤其对于与之接触机会极少的理工科学生而言，甚至觉得这些传统精华已与时代脱节。

顾盼流转中蕴含的家国情怀、治国理念、忧患意识、处世之道……构成

---

① 《习近平：在同各界优秀青年代表座谈时的讲话》，http://www.xinhuanet.com/politics/2013-05/04/c_115639203.htm，新华网，2018年9月5日。

② 参考习近平：《习近平谈治国理政》，外文出版社2014年版，第52～53页。

③ 《文艺创作坚决反对历史虚无主义》，http://culture.people.com.cn/n1/2018/0213/c1013-29821419.html，人民网，2018年9月6日。

了独特的东方智慧，使得中华文化不同于世界上任何一种文化，并且具有极强的辨识度。这是很多青年人没有看到的。

笔者认识一位在山大学习的外国留学生，他喜欢中国传统的东西，“Made in China”的鞋子上都印着大大的“武”字。笔者问他，是不是因为很酷。

他的回答出人意料：“我觉得中国的文化很独特，很博大。”

相较之下，周围的同学将我们最宝贵的文化软实力视若无物，老是觉得低人一等，缺乏应有的大国国民心态和充足的自信，令人惭愧。一个成熟的人，应该保有自己的思考和选择，要先了解我们拥有的，才能运用我们拥有的，才能有强有力的文化抵御力和文化输出力。

三、在大学校园中，青年学生需要正确对待思政工作

采访了几名的同学，想听一听他们对于大学生思想政治教育的看法，没想到却得到一些出人意料的答案——没意思，提不起兴趣……

高校思政工作应该创新，但笔者认为，作为学生群体，我们在心理上要能够主动接受，否则单方面的努力也只能是徒劳无功。只有各自精致才能互相吸引。

每一代人有每一代人的历史使命，我们将会是实现中华民族伟大复兴、实现中国梦的奋进者，我们将会是全面建成小康社会的见证者和享有者，我们正在见证新时代的中国在国际舞台上发光发热。

这是我们当代青年的使命，而与我们的党和国家保持步调一致是最基本的前提，明确发展动向，保持思想高度一致，高校思政工作起到重要的桥梁作用，认识到这一点，自然就能够体会到积极向党和国家靠拢的必要性，才能够理解看似空泛辽阔的文字下蕴含的深意。

因此在追求个性的时代，向党和国家靠拢并不是一件小众和另类的事，而是值得自豪和骄傲的事。

“中国梦是我们的，更是你们青年一代的。中华民族伟大复兴终将在广

大青年的接力奋斗中变为现实。"[①]

党的十九大是新时代的起点,党和国家做好了准备,我们当代青年人,也必须担当起历史使命,如同近百年前无数在黑夜里挣扎的热血青年们那般,不忘初心,砥砺前行。

① 习近平:《习近平谈治国理政》,外文出版社2014年版,第49页。

我愿做远方忠诚的儿女

——不忘初心，牢记使命

赵　宸*

摘要：十九大以来，初心、使命在新时代青年的成长成才过程中显得尤为重要。作为新时代承担民族复兴伟大中国梦的追梦者，当代新青年更应深入学习十九大报告思想，用一生来践行理想与追求，用切身实践将伟大梦想化作现实，让学术走出象牙塔。

关键词：十九大　初心　使命　青年观

习近平总书记在十九大报告中说："大会的主题是：不忘初心，牢记使命，高举中国特色社会主义伟大旗帜，决胜全面建成小康社会，夺取新时代中国特色社会主义伟大胜利，为实现中华民族伟大复兴的中国梦不懈奋斗。"[①]

初心、使命，合在一起，可以描摹中国梦的轮廓。

中国梦承载了千百年以来家国民生之重。它历经了时光的磨洗，是心血的接力，是无数共产党人在代代相传的长路上漫漫求索、终其一生的代价实践了"仁以为己任，不亦重乎"的箴言。

---

* 作者为山东大学成仿吾英才班第一期学员，山东大学国际教育学院2016级本科生。

① 习近平：《决胜全面建成小康社会，夺取新时代中国特色社会主义伟大胜利》，2017年10月28日《人民日报》。

曾经读过一句话："某种历史的能量不会因为时间流逝而丧失，反而会积聚和裂变，就如同某些宇宙能量一样。"①经历了铁血峥嵘的战火岁月，才有了1949年天安门城楼上那句饱含深情的"中国人民终于站起来了"！深思"终于"二字背后深重的含义，我只能在此刻，向先辈们致以最深的敬意。

那是一段开创的路，一切的条条框框在纷乱中被打破而重塑，虽然物质匮乏，但精神上却很丰满。那段岁月中，微缩了一个社会多彩的历史形态，凝聚了无数仁人志士、革命先辈的才智，是一个国度走向繁荣的蓄积与初始。

一、理论·梦想·看见世界

十九大报告中，习近平总书记代表中国共产党对群众深情告白。他说："人民对美好生活的向往就是我们的奋斗目标。"②要想熟悉经济运转、政治发展的道理并不难，但要想真正将理论落入实处，造福于民生，便必须将自己的理论纳入群体之中，探索群体思想的渊源，形成彼此联系，才能最终探索出经济改革的方式。

二、责任·使命·道阻且长

心怀家国，无不可成之事。

孙治方以一颗赤诚之心追求真理，他最常挂在嘴边的，是一句"要抢时间呀！"时间于他，不是冰冷无情的审判者，却成了最值得珍惜的一笔财富。"总是在与旧社会、旧体制对垒中开辟一个个新战场，呼啸着屡败屡战，用他清癯的身体为其他后来人撕开对方的防线。"③他走出了思想牢笼，最终成为理论先导，为实现中国特色社会主义的实践添砖加瓦。

我看到，中国共产党人是可以徘徊于生民疾苦之间，成为万世太平的守

---

① 柳红：《八〇年代中国经济学人的光荣与梦想》，广西师范大学出版社2010年版，第22页。

② 《习近平在中国共产党第十九次全国代表大会上的报告》，http://cpc.people.com.cn/n1/2017/1028/c64094-29613660.html，人民网，2018年9月6日。

③ 柳红：《八〇年代中国经济学人的光芒与梦想》，第30～37页。

护者之人。

比如，薛暮桥一生紧随制度演变，解释，修正，扬弃，最终飞跃。他深谙市场经济理论，又主导过计划经济的运行，当自己曾一心追求的“公有平等”走到与之相反的道路上去，他却把自己滞后的时间缩得最短，追得最快。只因他奋斗的终点是人民幸福、社会公正，是接近普世价值的社会主义。

“城市居民最忙的是吃饭，卖小馄饨、烤白薯等类的小摊贩也可以恢复出来。洗衣也是一项繁重的家务劳动，现在家庭买不起洗衣机，洗衣作坊有可能买一个洗衣机……”[①]

这位75岁高龄的老人，兴致勃勃地挤进人群东瞧西看，问这问那。见到卖鲜鱼的，便问是怎么运进城里来的。有几个顾客正和卖主讨价还价，最后达成协议：每斤一元二角。薛暮桥同志高兴地说：“好，我也买一条。”卖鱼的捞了一条又大又肥的活胖头鱼，一称，五斤重。薛暮桥一边付钱，一边说：“看来还是两个市场好。”[②]

琐碎的叮嘱，平凡得犹如邻家老人，谁又能想到这是一个塑造改革开放时代大潮里程碑的经济学家袒露的肺腑之言。

共产党人不是站在高塔上指点江山的无情者，心灵鲜活充盈方是大家永恒的养料。根据过去，为了未来，实践现在，他们始终是那个最终践行着“先天下之忧而忧，后天下之乐而乐”的人。

我看到，中国共产党人是那个始终深爱着自己的故土，愿意无时无刻停留在她身边之人。

共产党人将学术理念、国际视野融合，以开放的思维，不遗余力地传达正确的理念。

中国共产党人真正做到了正心诚意、心怀家国。后代以镜鉴之，当更能体味各种精神。时代沧海桑田，责任和使命却始终背负在一代代中国共产党人身上心中。

---

① 柳红：《八〇年代中国经济学人的光芒与梦想》，第71～80页。

② 柳红：《八〇年代中国经济学人的光芒与梦想》，第71～80页。

三、为学·证道·笔著春秋

而在今时今日,我们又该如何为学?

其一,就应当立让自身研究走出学术象牙塔之志。

无疑,数据才是对于社会现状最好的刻画,但真正的投身于实践才是少年人承担起中国梦的关键一步。

其二,历史与逻辑统一的分析方法,就是规范与实证有机结合的方法。剖析物理学家的逻辑,从而得到经济学的研究方法。在自然过程表现得最确实,最少受干扰的地方考察自然过程,如有可能,在保证过程以其纯粹形态进行的条件下从事实验。

其三,掌握数据分析与模型建立的工具,便是掌握了客观描述理性主义的有力要点。数据能够发现深层次存在的问题。在经济学理论相对成熟的情况下,目前最需要的是通过充分的数据挖掘,来发现中国社会中存在的若干问题,然后采取相应的对策。

至此,也便粗陋描绘出了我心中的中国梦。老中青三代投入其中,倾其所有建设一个心中的未来。

我相信,中国梦这条路,会愈行愈宽。

以梦为马,我愿做远方的儿女。

十九大之于我

闫兆璋*

摘要：十八大以来，从移动支付环境到生态环境发生了巨大的变化，随着十九大落幕，我们也应该结合自己的专业，在自己专业的领域内开始新的征程。

关键词：十九大　移动支付　生态环境　微电子

过去的五年，我的身边发生了翻天覆地的变化。

最能感受到的便是移动支付。五年前的我还在用着诺基亚的 lumia 系列手机，只会偶尔从淘宝上买一两本书或者在微软的应用商店买上一两款自己心仪许久的游戏，出门身上一定要带上现金。而如今，买东西都可以扫支付宝或微信的二维码，人们几乎可以不再使用现金了。

五年来，我妈妈作为一名光荣的人民教师，工资是一路涨；我爸爸作为一名修路的工程师，这五年的收入也跟着他的修路里程一起涨起来了。周六、周日家里人一起出门吃饭、看电影，节假日出门旅游成为我们的习惯。

随着"美丽中国"概念的提出，城市里的环境不断改善，如今，我家附近的洸府河，不仅能够听到久违了的蛙声，清澈的河水还成了鱼儿的天堂。

习近平总书记在中国科学院第十七次院士大会、中国工程院第十二次

* 作者为山东大学成仿吾英才班第一期学员，山东大学微电子学院 2016 级本科生。

院士大会上的讲话中指出："只有把核心技术掌握在自己手中，才能真正掌握竞争和发展的主动权，才能从根本上保障国家经济安全、国防安全和其他安全。不能总是用别人的昨天来装扮自己的明天。不能总是指望依赖他人的科技成果来提高自己的科技水平，更不能做其他国家的技术附庸，永远跟在别人的后面亦步亦趋。我们没有别的选择，非走自主创新道路不可。"[①]为了响应国家政策，山东大学积极筹建了微电子学院，并在2016年开始招生，我有幸成为山东大学微电子学院的第一批本科生。

最重要的是，五年来，党的理论创新全面推进，马克思主义在意识形态领域的指导地位更加突出，中国特色社会主义和中国梦深入人心，社会主义核心价值观和中华优秀传统文化得以大力弘扬，群众性精神文明创建活动扎实开展。例如，我从一开始对马克思主义和中国特色社会主义不了解，到慢慢开始感兴趣，开始学习，再到有幸成为成仿吾英才班首批学员，对其有了新的认识、新的理解。从一开始不了解、无所谓，到积极参加一系列的社团活动，再到如今，在同学之间积极宣传马克思主义、毛泽东思想。

这些便是五年来，从我的所见、所闻、所想，感受到的深切的变化。

十九大胜利召开了。在开幕式上，习近平总书记讲到了本次大会的主题：不忘初心，牢记使命，高举中国特色社会主义伟大旗帜，决胜全面建成小康社会，夺取新时代中国特色社会主义伟大胜利，为实现中华民族伟大复兴的中国梦不懈奋斗。

习近平总书记还总结了十八大以来，中国共产党领导人民所取得的伟大成就：经济建设取得重大成就，全面深化改革取得重大突破，民主法治建设迈出重大步伐，思想文化建设取得重大进展，人民生活不断改善，生态文明建设成效显著，强军兴军开创新局面，港澳台工作取得新进展，全方位外交布局深入展开，全面从严治党成效卓著。

习近平总书记还提出了"新时代中国共产党的历史使命"。并且指出："我们要不负人民重托、无愧历史选择，在新时代中国特色社会主义的伟大

① 《习近平在中科院第十七次院士大会、工程院第十二次院士大会上的讲话》，http://www.gov.cn/xinwen/2014-06/09/content_2697437.htm，中国政府网，2018年9月5日。

实践中，以党的坚强领导和顽强奋斗，激励全体中华儿女不断奋进，凝聚起同心共筑中国梦的磅礴力量！”[1]我想，作为新时代的青年马克思主义者，作为“小青马”的我们，不仅要做好学习专业知识的本职工作，更是应该积极传播十九大精神。

科技是国之利器，是一个国家、一个民族发展的重要力量。在党的十九大报告中，习近平总书记指出，创新是引领发展的第一动力，是建设现代化经济体系的战略支撑。要瞄准世界科技前沿，强化基础研究，实现前瞻性基础研究，引领性原创成果重大突破。作为一名微电子专业的大学生，我希望能够通过自己的努力使我国在自主研发芯片上取得突破，能够在制程工艺上有更进一步的发展。我们要做到桌面级 CPU 的民用化，并且能够在此基础之上，实现更进一步的创新。

习近平总书记在大会上指出，新时代中国特色社会主义思想，是对马克思列宁主义、毛泽东思想、邓小平理论、“三个代表”重要思想、科学发展观的继承和发展，是马克思主义中国化的最新成果，是党和人民实践经验和集体智慧的结晶，是中国特色社会主义理论体系的重要组成部分，是全党全国人民为实现中华民族伟大复兴而奋斗的行动指南，必须长期坚持并不断发展。作为一名未来的科技工作者，我们要在党的领导下，把科技成果应用在实现现代化的伟大事业中，为科技强国、为实现中华民族伟大复兴贡献力量。

随着十九大的闭幕，中国共产党又开始了新的征程。但我们会铭记这次大会的主题：不忘初心，牢记使命，高举中国特色社会主义伟大旗帜，决胜全面建成小康社会，夺取新时代中国特色社会主义伟大胜利，为实现中华民族伟大复兴的中国梦不懈奋斗。

---

① 习近平：《决胜全面建成小康社会，夺取新时代中国特色社会主义伟大胜利》，2017 年 10 月 28 日《人民日报》。

崭新时代正当时，有为青年须明志

李文靖*

摘要：习近平总书记在十九大报告中勉励青年人要有理想、有本领、有担当，要积极为个人的价值和国家的前途而奋斗。青年一代应明确理想、本领、担当的含义和关系，先树立理想，并不断地锻炼本领，做一个有担当的人。凭真才实干的本领才能在中国梦的实现进程中有所作为。

关键词：十九大报告　青年　理想　本领　担当

“青年兴则国家兴，青年强则国家强。青年一代有理想、有本领、有担当，国家就有前途，民族就有希望。中国梦是历史的、现实的，也是未来的；是我们这一代的，更是青年一代的。”①习近平总书记在十九大报告中对青年人的勉励和支持始终是我们奋斗的目标，是我们前进的指南，更是我们实现梦想的导航。

理想可以说是世界观、人生观、价值观的集中体现，它是一个人在为人处世时潜在的标准和追求的方向。做一个有理想的人，简言之是要心怀对世界、对人生价值的把握，无论是从个人角度还是对于整个社会而言，都能

---

* 作者为山东大学成仿吾英才班第一期学员，山东大学药学院2016级本科生。

① 习近平：《决胜全面建成小康社会，夺取新时代中国特色社会主义伟大胜利》，2017年10月28日《人民日报》。

有所成就、有所贡献。在这个全体中华儿女勠力同心、争取实现中华民族伟大复兴中国梦的时代，在这个继往开来的关键时刻，我们当更加明确青年所代表的意义。[①] 正如习近平总书记在报告中对我们青年人的殷切期待，我们的未来是国家的未来，我们在国家向目标迈进的时代轨迹中，是大国发展的长远推动力。身为这样重要的角色，理想于我们而言不仅是人生规划中的一段旋律，更成为支撑和引导我们奋斗的力量。

我们要有信念，换句话说，是要有决心和勇气树立伟大理想，面对伟大理想，我们要用执着的精神坚定追求。实现中国梦的进程在不断推进，当代青年，在追求理想的路上，在时代风浪中要勇立潮头，在历史的天空下展翅高飞。青年一代的理想追求将直接影响着中华民族的未来。听到习近平总书记在报告中对我们当代青年人的殷切期待，我们的使命感油然而生，拥有理想吧，当代青年要敢于设立远大目标，敢于追求精彩人生，敢于放飞自我。

我们拥有理想，还要有实现理想的本领。理想，需要用本领来支撑，才能真正地以梦为马，为强国出力。身处山东大学这所“双一流”高校的校园里，我们拥有较好的条件来全面发展自己的能力。我们学习专业知识，规划未来的职业生涯，养成专业素养。开学时，山东大学药学院刘新泳院长说：“你们今天成为药学人，明天就要肩负药学事业发展的责任，希望你们能在山大的药学院学有所成，要有投身中国的药学建设的抱负。”刘院长的话让我感觉到今天和明天的责任来得如此突然，我感觉到我们离中国的药学事业距离这么近，我们或许都有过一丝责任当头的慌张，但随着本领的增强，我们越发清晰地明白如何实现理想。

青年是推进时代发展的持续动力，在这样的时代里，我们要有主角意识，专业发展的前景离不开我们每一个人的奋斗。我们要珍惜这大好时光，练就一身本领。有扎实的专业素质才能符合新时代对我们青年人的要求，有本领才谈得上创新和革新。技术力量推动科研的进步，科技的运用带给了中国更多的机会。青年人是学习和运用新技术的主体，知行合一，有真实

---

① 《习近平出席中国文联第十次全国代表大会、中国作协第九次全国代表大会并发表重要讲话》，http://www.xinhuanet.com/photo/2016-11/30/c_129385197.htm，新华网，2018年9月5日。

的本领才能在中国梦的实现进程中有所作为。

"现在,我觉得自己像冰化雪消那样越来越虚弱了。因此,我要抓紧每分每秒,趁我现在还能感到生命之火在心头燃烧,大脑神经在闪光跳动。我不愿做一个名噪一时的英雄。我战胜了自己生命历程中的一切悲剧和不幸:双目失明,全身瘫痪,遍体疼痛。尽管如此,我仍然是一个无比幸福的人。这倒不是因为政府奖励了我。不,没有这些,我同样是快乐和幸福的!请记住,奖励永远不会成为我工作和斗争的目标[①]。"作家奥斯特洛夫斯基曾这样写道。没有物质的奖励和精神上的荣誉,也不能让他丧失为国家的事业奋斗终身乃至献出生命的决心。我能读出的,是担当。有担当,有敢于承担、敢于负责的魄力,这样的人生才是美好的,这样的生命比泰山还重!

"中华民族伟大复兴的中国梦终将在一代代青年的接力奋斗中变为现实。全党要关心和爱护青年,为他们实现人生出彩搭建舞台。广大青年要坚定理想信念,志存高远,脚踏实地,勇做时代的弄潮儿,在实现中国梦的生动实践中放飞青春梦想,在为人民利益的不懈奋斗中书写人生华章!"[②]再看习近平总书记在十九大报告中的话语,我读出的不仅仅是殷殷期望,更是压在双肩的沉甸甸的责任。

作为一名山东大学学生,我们应该牢记习近平总书记的嘱托,不辜负党和人民的期盼,以百年山大的浩然正气滋养自己,在中国特色社会主义新时代的伟大征程中,在实现中华民族伟大复兴中国梦的时代浪潮中,在人类向科学高峰勇敢攀越的嘹亮号角声中,实现自己的人生理想。在追求国家富强、民族振兴、人类幸福的过程中,实现自我价值的升华,创造有意义的人生!

---

① 奥斯特洛夫斯基:《理想与幸福》,http://tieba.baidu.com/p/1036760785? traceid=,百度,2018年9月6日。

② 《习近平:全党要为青年实现人生出彩搭建舞台》,http://www.xinhuanet.com./politics/2017-10/18/c_1121821096.htm,新华网,2018年9月5日。

青年！你当永葆初心，背负使命

王昊晨*

摘要：新时代带给青年人机遇，同时也带来了挑战。新时代的青年要永葆初心，背负使命，砥砺前行。

关键词：十九大　新时代　青年使命

2017年10月18日，习近平总书记代表中国人民向世界庄严宣告：中国特色社会主义进入了新时代。

习近平总书记在给青年人讲话的时候，曾引用毛泽东主席的一段话："世界是你们的，也是我们的，但是归根结底是你们的。你们青年人朝气蓬勃，正在兴旺时期，好像早晨八九点钟的太阳。希望寄托在你们身上。"[①]在听到习近平总书记提及建设社会主义现代化强国的奋斗目标的时候，我内心一震。把2020年到本世纪中叶分两个阶段安排：到2035年基本实现社会主义现代化，到本世纪中叶把我国建设成富强民主文明和谐美丽的社会主义现代化强国。这30年是我们这一辈人风华正茂的30年，这30年是我们这一辈人身强体壮的30年，这30年，我们这一辈人正当年！我们不再是有人遮风挡雨的孩子，而是"踏石留印、抓铁有痕"，兢兢业业为发展而贡献

---

* 作者为山东大学成仿吾英才班第一期学员，山东大学经济学院2016级本科生。

① 1957年11月17日，毛主席说："世界是你俩们的，也是我们的，但归根结底是你们的。"http://cpc.people.com.cn/GB/64162/64165/72301/5047765.html，人民网，2018年9月6日。

的社会中坚力量。时代的重任已经悄然压在了我们肩上。

犹记得那个站在国旗下内心激荡、澎湃不已的自己。曾有幸两次代表同学们,站在国旗下演讲。第一次是在高中时期,做主题为《刻苦奋斗、决胜高考》的演讲,彼时胸腔里回荡的只一个目标,便是学习。然而为何而学习,并不在当时的我的考虑范围内。而在大学中的第二次国旗下演讲,为这个问题找到了答案。是十九大报告中关于"两个阶段"奋斗目标的重大战略判断,为我指明了方向。所以我第二次演讲的题目是"伟大的新时代,召唤堪当大任的新青年"。"不忘初心,牢记使命"的初心是"为中国人民谋幸福,为中华民族谋复兴"。这不仅仅是所有共产党人的初心,更应当是包括你我在内的所有中国青年的初心。

中国青年,都应以时代的重任为己任,都应深明"任重而道远"之意。社会是高速运转的机器,我们每个人都是上面的一颗螺丝钉。马克思在1835年便已经意识到个人努力和他人的关系,他在毕业论文中写道:"人们只有为同时代人的完美、为他们的幸福而工作,才能使自己也达到完美。[①]"我们应当在能发光、该发光的地方发光,在能生长、该生长的地方生长,做好社会的一颗螺丝钉,为中国梦的实现贡献力量。

在这个物质日渐丰富、文化日趋多元的新时代,人们的物质文化需要升级为美好生活需要,社会生产力不再落后但发展不平衡不充分的弊端日益显现。青年人的底气源自时代给予的力量,从未有过如此美好的机遇,给青年人这般广阔的舞台。我们不妨静下心来听一听新时代最响亮的声音:"中国梦是历史的、现实的,也是未来的;是我们这一代的,更是青年一代的。"[②]最好的我们选择去实现中国梦,最好的我们选择用渐渐坚实的臂膀扛起时代的重任,最好的我们选择做优秀的社会主义接班人。

有梦想才会有活力,心怀天下才能走向成功。只有每个人都认为自己

---

① 马克思:《青年人在选择职业时的考虑》,《马克思恩格斯全集》,人民出版社1982年版,第40卷,第7页。

② 习近平:《决胜全面建成小康社会,夺取新时代中国特色社会主义伟大胜利》,2017年10月28日《人民日报》。

是国家的主人，国家才有真正的未来。“青年兴则国家兴，青年强则国家强。青年一代有理想、有本领、有担当，国家就有前途，民族就有希望。”①

未来路还长，中国青年任重而道远。

潮涌海天阔，扬帆正当时。作为青年学子，我们要志存高远，脚踏实地，坚定理想信念，培养起“为天下储人才、为国家图富强”的家国情怀；我们要学无止境、气有浩然，不断提高自我，锻造出“为中国人民谋幸福，为中华民族谋复兴”的切实本领。

中国青年啊，你当永葆初心，背负使命；念念不忘，必有回响。

① 习近平：《决胜全面建成小康社会，夺取新时代中国特色社会主义伟大胜利》，2017年10月28日《人民日报》。

心怀梦想,脚踏实地

——读党的十九大报告有感

王宇辰[*]

摘要:习近平总书记指出:青年最富有朝气,最富有梦想,青年兴则国家兴,青年强则国家强。因此,广大青年要坚定理想信念,练就过硬本领,勇于创新创造,矢志艰苦奋斗,锤炼高尚品格,在实现中国梦的生动实践中放飞青春梦想。本文从一名化学专业的本科生的视角,结合专业前景与个人经历,从“立足化学,绿色低碳”“勉励自身,努力学习”“奉献青春,不懈奋斗”三个方面,分享了关于十九大报告的认识与感悟,表达了新时代新青年对信念的坚定,对梦想的追求和对中华民族伟大复兴的责任意识。

关键词:奋斗　化学　绿色低碳　理想信念

习近平总书记在《决胜全面建成小康社会　夺取新时代中国特色社会主义伟大胜利》的报告中指出:“从二〇二〇年到二〇三五年,在全面建成小康社会的基础上,再奋斗十五年,基本实现社会主义现代化。”

当看到“二〇二〇年”的时候,使命感油然而生,作为一名2016级的化学专业的本科生,我恰恰在2020年毕业,这一年,是我国实现社会主义现代

* 作者为山东大学成仿吾英才班第一期学员,山东大学化学与化工学院2016级本科生。

化的关键时期；同时，在下一个15年，在建设社会主义强国的时期，我正处于人生的黄金时期，理应为祖国的建设贡献自己的力量。“青年兴则国家兴，青年强则国家强。”我们更应该勇敢地承担起时代的重任，让自己成为时代的弄潮儿。

“志不强者则不达”，为实现自己的理想，我们的目标必须明确，我们的行动必须果敢，我们的信念必须坚定，并为之不懈奋斗。

为此，我有一些自己的想法。

一、立足化学，绿色低碳

习近平总书记在报告提出了“绿色低碳”的发展理念，这正是现在化学专业中重要的发展方向。

化学和人类发展联系紧密，早在春秋中期，人类进行金属的冶炼，化学就伴随着人类的历史不断发展，近代以来，化学推动人类更深入地认识世界，也提高了人类的生活品质，化石燃料的应用让人类从农业社会走向工业社会，化学纤维与合成塑料的制造让我们的生活更加方便，各种药物帮助我们抵御疾病；小到一把钥匙，大到航空航天的火箭，化学在生活中无处不在。

化学像一把双刃剑，虽然在人类的发展中为我们披荆斩棘，但也会损害到我们的生存环境。习近平总书记的绿色发展理念正是为了让我们利用化学的优势，更多地为我们的发展助力，而竭力减少化学对人类造成的危害。

“绿色低碳”这绝不只是一句空谈，十九大以来，节能减排的工作不断推进。比如，我国房地产建筑建材相关能耗占社会总能耗的46.7%[①]，建材制造业是一个排污耗能巨大的行业，随着化学新工艺的出现，人们节能意识的提高，这个行业的排污耗能逐年降低，这就是绿色低碳的最好体现。

二、勉励自身，努力学习

面对化学对人类发展产生的双重性，我作为一名化学专业的毕业生，尤

① 刘光菊：《城市建筑节能效果遥感快速监测与评估技术研究》，南昌大学2012年硕士学位论文，第1页。

其是目前正处于社会主义现代化建设的关键时期，更应该担负起使命，做出自己的贡献。

做贡献不是空想，应该努力提升自身的思想，学好化学的专业知识，并将知识应用到实践中。

理想信念是一个人发展的方向，如果方向出现偏差就不能为国家和社会的发展做贡献。中国共产党始终代表中国先进生产力的发展要求、中国先进文化的前进方向、中国最广大人民的根本利益。[①] 因此，从初中开始，我就积极要求加入了共青团，不断学习党团知识，从了解党团的历史开始，认识到中国共产党的先进性，并将实现中华民族的伟大复兴当作理想。步入大学以后，对党怀着更加崇高的敬意，我进一步学习党章并参加党课，提高自己的思想觉悟。同时，我进入了成仿吾英才班，通过一系列的实践活动，认识到中国共产党通过实践一步一步建立新中国的艰辛，让我懂得了实践的重要性，要把自己的理想同党的发展目标结合起来，并分解成一些可以实践的小目标，这样才能让自己的努力更切实际，更有方向。

在找到理想信念的方向的同时，我深刻感受到自身文化知识的薄弱，只有学习更多的文化知识才能将自身的理想信念付诸实践。作为一名化学专业的学生，我在化学专业的学习上一丝不苟，专业课成绩优异：无机化学是化学的基础，分析化学是认识化学的工具，这些课程我都取得了优异的成绩。与此同时，我也在学生工作中努力提升自己，在班级工作中勇于担当，为同学们服务，做出自己贡献；积极参与学院工作，担任学院创新创业联盟主席，积极推动有创业意向的同学实现自己的理想。在这些工作中，我不仅做出了自己应有的贡献，使自己的价值得到体现，也在工作中获得许多经验，提升了自己的能力，为以后实现自己的理想信念奠定了坚实的基础。

心怀梦想，脚踏实地，我们不仅要将自己的理想信念同国家社会的发展结合起来，还要更努力地学习科学文化知识，提升自己的核心竞争力，只有这样，才能真正实现自己的理想并为国家社会的发展做贡献。

---

① 《三个代表》，http://cpc.people.com.cn/GB/64162/64171/4527680.html，中国共产党新闻网，2018年6月23日。

三、奉献青春，不懈奋斗

“中华民族伟大复兴的中国梦终将在一代代青年的接力奋斗中变为现实。”[①]习近平总书记的这句话让我们充满力量。前人艰苦卓绝的努力让我们现在有了一个稳定的学习生活环境，我们应奉献青春，不懈奋斗，努力实现中华民族的伟大复兴。

我的理想是成为一名化学科学的研究人员，将绿色化学的理想信念应用于实际的化学生产中，把有害物质赶出人们的生活与环境中，提高人民的生活水平，使生态环境得到治理，还自然一个青山绿水。

我们未来的路还很长，我们一定要为解决人民日益增长的美好生活需要和不平衡不充分的发展之间的矛盾，实现中华民族的伟大复兴和社会主义现代化而奉献青春，不懈奋斗！

---

① 习近平：《决胜全面建成小康社会，夺取新时代中国特色社会主义伟大胜利》，2017 年 10 月 28 日《人民日报》。

不忘初心，砥砺前行

谢文玲*

摘要：举世瞩目的十九大闭幕了，随之而来的是社会各界如火如荼的讨论与学习。十九大报告辉煌而细致，里面的诸多新鲜词汇为此次报告注入了生命力与活力。本文主要讨论了十九大报告中新颖出彩、不同以往的一些概念，从另一个角度解析十九大报告。

关键词：十九大报告　中国　现代化　社会主要矛盾

一、健康中国

习近平总书记说："人民健康是民族昌盛和国家富强的重要标志。全面建立中国特色基本医疗卫生制度、医疗保障制度，健全现代医院管理制度。加强基层医疗卫生服务体系和全科医生队伍建设。实施食品安全战略，让人民吃得放心。坚持中西医并重，传承发展中医药事业。"这切实体现了党和国家对人民的关怀与照顾，精准对接人民的健康需求。①"坚持中西医并重，传承发展中医药事业"再一次体现了习近平总书记对中医药的重视。党

---

* 作者为山东大学成仿吾英才班第一期学员，山东大学外国语学院2016级本科生。

① 习近平：《决胜全面建成小康社会，夺取新时代中国特色社会主义伟大胜利》，2017年10月28日《人民日报》。

的十八大以来，习近平总书记多次对中医药发展作出重要指示，中医药是中华民族的伟大创造，是弘扬与传播中华优秀文化的有效载体，是维护民众健康的不竭动力。此次，习近平总书记再将中医提到十九大报告中，也意味着中医的发展将进入一个新的阶段。

二、美丽中国

习近平总书记在中共十九大报告中指出，“到本世纪中叶，把我国建成富强民主文明和谐美丽的社会主义现代化强国”“加快生态文明体制改革，建设美丽中国”“必须坚持节约优先、保护优先、自然恢复为主的方针，形成节约资源和保护环境的空间格局、产业结构、生产方式、生活方式，还自然以宁静、和谐、美丽。”[①]将“美丽”作为新时代社会主义现代化建设的重要目标写入报告，明确将“坚持人与自然和谐共生”作为新时代中国特色社会主义十四条基本方略之一，“美丽”一词多次出现，这是党代会历史上的首次，也体现了党对生态问题的重视。

三、“两个阶段”战略安排

习近平总书记在十九大报告中指出，综合分析国际国内形势和我国发展条件，从2020年到本世纪中叶可以分两个阶段来安排。

第一个阶段，从2020～2035年，在全面建成小康社会的基础上，再奋斗十五年，基本实现社会主义现代化。

第二个阶段，从2035年到本世纪中叶，在基本实现现代化的基础上，再奋斗十五年，把我国建成富强民主文明和谐美丽的社会主义现代化强国。

1987年的十三大报告提出了我国现代化建设的“三步走”发展战略：“第一步，实现国民生产总值比1980年翻一番，解决人民的温饱问题。这在20世纪80年代末已经基本实现。第二步，从1991年到20世纪末，使国民生产总值再增长一倍，人民生活达到小康水平。第三步，到下个世纪中叶，人均

① 《制度现代化建设“三步走”发展战略》，http://cpc.people.com.cn/GB/64162/82819/143371/8818523.html，中国共产党网，2018年6月23日。

国民生产总值达到中等发达国家水平，人民生活比较富裕，基本实现现代化。"十九大报告提出的"到2035年，基本实现社会主义现代化"，实际上将过去的第二个百年奋斗目标，即"到本世纪中叶基本实现现代化"，提前了15年。这体现了党对我国目前发展状况的底气与自信，也体现了新时代对党的新要求。而"社会主义现代化国家"与"社会主义现代化强国"仅一字之差，却体现了党和国家更远大的目标，也体现了我们对自身制度体系的自信，对自身格局的规划与提高。

四、人类命运共同体

报告对新时代的中国外交作出了顶层设计，特别是在总体目标中提出"推动构建人类命运共同体"，指明了新时代中国外交的努力方向。

"我们呼吁，各国人民同心协力，构建人类命运共同体，建设持久和平、普遍安全、共同繁荣、开放包容、清洁美丽的世界。"习近平总书记在报告中如是说。

"人类命运共同体"一词，体现了中国共产党的世界格局和国际视野，也体现了中国对世界各国人民的友好。在专门阐释中国对外政策的章节中，报告开宗明义地提出，中国共产党"是为人类进步事业而奋斗的政党"，并"始终把为人类作出新的更大的贡献作为自己的使命"。

五、社会主要矛盾转化

1956年的中共八大提出，国内主要矛盾是人民对于经济文化迅速发展的需要同当前经济文化不能满足人民需要的状况之间的矛盾。① 1981年的十一届六中全会提出，主要矛盾是人民日益增长的物质文化需要同落后的社会生产之间的矛盾。②

① 《习近平新时代中国特色社会主义思想的理论体系》，http://theory.people.com.cn/n1/2018/0709/c0531-30134457.html，人民网，2018年6月23日。

② 《在历史前时的逻辑中前进，在时代发展的潮流中发展》，http://theory.people.com.cn/n1/2018/0903/c40531-30267727.html，人民网，2018年6月23日。

而在此次十九大的报告中，习近平指出，中国特色社会主义进入新时代，社会主要矛盾已经转化为人民日益增长的美好生活需要和不平衡不充分的发展之间的矛盾。我们要在继续推动发展的基础上，着力解决好发展不平衡不充分问题，大力提升发展质量和效益，更好满足人民在经济、政治、文化、社会、生态等方面日益增长的需要，更好推动人的全面发展、社会全面进步。

从原来的物质文化需要到现在的美好生活，从温饱到品质，这一个新颖的词也完美契合了全面建成小康社会以及社会主义现代化强国，整篇报告都将人民的生活、国家的远景提升了一个层次。

六、“传承红色基因、担当强军重任”主题教育

看到这里，我就不禁想到了我们的成仿吾英才班，不禁想到了暑假的井冈山之行。红色基因需要传承，但是如何传承，以一种怎样的形式传承才能让同学喜闻乐见是另一个需要思考的问题。我们的体验教学其实是可以采用的形式之一。单纯的课堂教学不能对同学起到震撼以及产生终身影响的教育作用，而实践教学、体验教学，新颖而富有活力，同学流出的眼泪是热切而真实的，记忆也是清晰而永久的，这样的教育与传承其实才富有感情。

十九大的创新之处贯穿始终，新颖词汇随处可见，“刮骨疗毒”“画出最大同心圆”“像石榴籽一样紧紧抱在一起”等富有生活气息、形象生动的话语使报告更贴近人民、贴近生活，也更通俗易懂；新矛盾、新时代、新理论、新征程的提出，体现了中国共产党在新时代对自身的整体考量与认识，为中国共产党注入了生机与活力。创新之余也有坚守，人民性的主体地位依然岿然不动，坚持人民当家作主，实现党的领导、人民当家做主、依法治国的有机统一，夺取反腐斗争的压倒性胜利等，将党性与人民性有机地统一起来，体现了马克思主义政党的根本属性。

“淘金”十九大

高志民*

摘要:十九大影响着生活的方方面面，当十九大报告的学习活动在全国范围内如火如荼地开展的时候，我们大学生作为新时代的青年人才更应该把握住这次机会，在十九大学习浪潮中努力挖掘十九大这座“金矿”，汲取其中的营养。“淘金”十九大，不忘初心，砥砺前行，承担起当代青年的责任与使命，争做时代的弄潮儿。

关键词:十九大　青年　责任与使命　思想　学习

中国共产党第十九次全国代表大会的圆满召开成为近期最大的关注点，大会的影响之广、意义之深无疑使其成为全民关注的焦点。电视节目里精心设计的十九大专访栏目、校园里精彩纷呈的十九大主题海报、公交车上制作精美的十九大宣传窗，甚至微信朋友圈里十九大直播界面的刷屏都令我们感受到了全国人民对十九大的期待以及十九大对全国人民的重要影响。

大会上，习近平总书记代表十八届中央委员会所作的报告涉及人民生活的方方面面，这将对人民生活产生直接或间接的影响，每一句话都展现着党和国家近年来飞跃般的发展，都展现着党和人民对美好生活的期望，展现

* 作者为山东大学成仿吾英才班第一期学员，山东大学电气工程学院2016级本科生。

着中华民族强大的生命力。

当十九大影响着生活的方方面面，当十九大学习活动在全国范围内如火如荼地开展的时候，我们大学生作为新时代的青年人才更应该把握住这次机会，在十九大学习浪潮中努力挖掘十九大这座“金矿”，汲取其中的营养。

淘金十九大，不忘初心，砥砺前行，承担起当代青年的责任与使命，争做时代的弄潮儿。

一、承担历史使命，思想先行

人因思想而不同，青年学生的思想更是思想教育的重中之重，青年学生思维活跃，思想先进，而且青年时期同样也是思想发展的快速时期、不稳定时期，我们更应该在此期间把握住思想发展的正确方向，防止思想出现“脱轨”“偏轨”现象。而且习近平总书记在十九大报告中也同样提到过青年思想问题，希望青年学子可以坚定理想信念，脚踏实地，努力承担历史使命，在实现中国梦的过程中放飞自己的青春梦想。

承担历史使命，思想先行。思想为行为的先导，倘若一个人的思想发生了偏离，那么他的能力越强，地位越高，对社会、对人民造成的危害也会越大，能力与地位只会成为其危害国家、社会的“利剑”，从最初在全社会造成恶劣影响的药家鑫案，再到复旦投毒案，以及最近屡见不鲜的因沉迷游戏导致伤害身边学生的案件，这些都证明，缺乏正确思想指引的人生是多么的可怕！同时我们需要不断反思自己的思想方向，不断检验自己的思想方向是否发生了偏差。

大学生作为特殊的青年群体，基础素质高，知识水平高，然而也存在思想发展波动大、社会阅历不足的问题。我认为，高校内思想偏差主要有两种类型，即过于积极型与过于消极型。过于消极型就是不以学习为重，找不到努力的方向，沉迷于网络游戏以及不良嗜好中。另外一种为过于积极型，他们往往看起来光芒万丈，在各种学生组织中拥有各色各样的职务，各种学生活动不加甄别就会参与其中，不将主要精力放在学习中，沉迷于所谓的“社会经验"中,最终只会距离自己的目标越来越远。我们必须牢记自己的身份是一名学生,而学生的根本任务就是学习,因此一名优秀的大学生应当切实提高自己的学习能力,将主要精力放在学习学科知识以及培养学科技能上,同时涉猎真正对自己有意义的事情,促进全面发展,只有如此,青年学生们才会成为国家发展的中流砥柱,发展成为合格的社会主义接班人。

青年兴则国兴,青年强则国强,把握好思想的舵盘,实现自己的理想。

二、脚踏实地,扎实提高能力

在保证思想方向的正确性后,能力的提高便成为一项我们必须去完成的任务。能力是支撑任何一个国家、一个组织以及个人不断发展、上升的泉源。大到一个国家制定发展经济、发展国防的政策,小到个人完成一个目标、做出一项作品,都需要能力支撑。能力是一个抽象的概念,然而提高能力切不可成为一个抽象的过程,必须要将其具体化、细节化。俗话说"打铁还需自身硬",只有一步一个脚印,做好当前每项工作,才不会使将来的工作受到能力不足的限制。

作为青年大学生,提高能力更是重中之重。海能卑下众水归,学问笃实生光辉。近日看到清华大学特等奖学金获得者的答辩,颇受鼓舞,略微观察一下答辩的学生们,会发现他们真的是从心底里热爱学习,沉醉于获得知识的满足感。"如果我没有学习物理,我会后悔一辈子。""我想数学可以给我带来我最向往的生活,仰之弥高,钻之弥坚;苦心孤诣,兀兀穷年,在求索中谱就数学的诗篇。"答辩会上这样的语录令人动容,只有心底里真正地爱上学习,而不是为了应付考试,才会不断有获得知识的满足感,才会更加提高学术能力。另外,还要提高自己的实践能力,即将学科基本知识同实践操作相结合的能力,如果只是在纸面上学习知识,将永远不会出成果,而最好的检验方法就是尝试去解决生活中发现的问题。学校会给予学生良好的学习平台、展示平台,通过参加各类竞赛比赛也是检验学习能力的方式,不断提高,不断检验,才是提高能力最有效的方式。

能力作为完成任务的必备条件,是一项活动顺利完成的关键,将能力与活动任务联合在一起，才能更好地发展和了解我们的能力，切不可将提升能力形式化、抽象化。只有化抽象为具体，将提升能力具象为完成身边的一项任务或者挑战某一项活动，才可以真正做到脚踏实地，扎实提高能力。

三、勤于实践，勇于创新

实践是检验真理的唯一标准。实践是一项客观活动，是人们在改造世界过程中的物质性活动，如果我们可以将主观的认知在客观的实践活动过程中付诸实施，既证实了我们的主观认知，同时在实践中也会有不同于之前的认知，将会有新的收获。在实践的基础上，我们要提高自己的创新意识。科学技术是第一生产力，发展科学技术的重要一环就是创新，将创新意识落实到实处，才会最终推动科学技术的进步。

实践体现在社会生活中的各个领域，在教学中体现实践无疑会促进学生对于知识的理解。例如，高校思政课上，如果只是单纯地讲述课本知识，绝对不会取得理想的效果，但是如果带学生到井冈山革命传统教育基地进行实践教学，效果将会更好。另外，通过实践，我们会获得新的知识、新的感悟。积极参与高校组织的社会实践活动，则更会使学子们感受到实践的深刻性，也会使学生们提前接触社会，积累经验，获得新知识。此外，作为高校青年学生，更应该将提高创新意识作为一个努力目标，高校是国家创新发展的重要组成部分，积极在工作、学习、竞赛中发挥创新意识，无疑会起到事半功倍的作用。人的创新意识是人工智能难以达到的目标，在备受关注的围棋人机大战中，人工智能战胜人类靠的是它的稳定性，不易受外界和情绪的影响，但是人机大战中少有的人类取胜的棋局靠的是什么呢？靠的就是人的创造性思维。所以，我们青年学生要积极发挥这种主动创造性，将创新精神发挥到极致，将创新意识体现在方方面面。

勤于实践，勇于创新。青年时期处于实践与创新的黄金时期，我们也应将实践与创新作为自己的使命，通过实践与创新为国家、为社会做出更大的贡献，我们在实践与创新的道路上前进的一小步，也许会促成国家社会发展的一大步。

道虽迩，不行不至；事虽小，不为不成。难能可贵的是将理论知识落实到实处，指导行为，引领行为。把握好思想的舵盘，在此基础上扎实提高自身的能力，用实践与创新思想指导行为。正如习近平总书记所说，广大青年要坚定理想信念，志存高远，脚踏实地，勇做时代的弄潮儿，在实现中国梦的生动实践中放飞青春梦想，在为人民利益的不懈奋斗中书写人生华章。[①]

① 习近平:《决胜全面建成小康社会，夺取新时代中国特色社会主义伟大胜利》，2017年10月28日《人民日报》。

青年强则国家强

——兼论“小青马”的责任与使命

刘德志[*]

摘要:中国共产党自成立以来,带领中华民族创造了举世瞩目的成就,逐步实现从站起来、富起来到强起来的历史性飞跃。但正如习近平总书记所说:“中华民族的伟大复兴绝不是开开心心、敲锣打鼓就能实现的。”中国梦的实现需要我辈青年的共同努力。本世纪中叶,在建设社会主义现代化强国的关键时期,我辈青年正值人生壮年,必将担负起建设社会主义现代化强国的重担,必将承担起实现中华民族伟大复兴的历史使命!

关键词:十九大　青年　民族复兴

“同志们!今天,我们比历史上任何时期都更接近、更有信心和能力实现中华民族伟大复兴的目标!”[①]听着习近平总书记在中国共产党第十九次全国代表大会上的报告,作为青年的我们热血澎湃。中华民族正以崭新的姿态屹立于世界的东方!

1840年,当西方的坚船利炮轰开古老而沉重的国门,一部屈辱的中国近

---

* 作者为山东大学成仿吾英才班第一期学员,山东大学化学与化工学院2016级本科生。

① 习近平:《决胜全面建成小康社会,夺取新时代中国特色社会主义伟大胜利》,2017年10月28日《人民日报》。

代史拉开了帷幕。中国人民从此陷入了水深火热、民不聊生的苦难之中。无数仁人志士，前赴后继、上下求索，迫切地渴望探索出救亡图存、振兴中华的新出路。他们进行各种各样的实践，并为之拼搏、流血，但终究没有改变旧中国的社会性质。这表明，中国的农民阶级和民族资产阶级由于他们的历史局限性和阶级局限性，是不能领导人民群众取得革命胜利的。

十月革命的一声炮响，给中国送来了马克思列宁主义。中国先进知识分子从中看到了科学，看到了真理，看到拯救劳苦大众、救亡图存的出路。思维的火花在迸发，民主和科学的旗帜在飘扬，马克思主义的种子在中国落地生根。五四运动促进了马克思主义同中国工人运动的结合，为一个担负复兴中华民族使命的党的成立奠定了坚实的思想基础。1921年，中国共产党一经成立，就义无反顾地将实现中华民族伟大复兴的重大历史使命扛在肩上。我们党带领人民先后推翻压在人民头上的三座大山，确立了社会主义制度，推进了社会主义基本建设，实现了民族独立、人民解放、国家统一、社会稳定的大业。

"行百里者半九十。中华民族的伟大复兴绝不是开开心心、敲锣打鼓就能实现的。"[①]这需要全党和全国各族人民的共同努力。我们党不忘初心，牢记使命，始终以马克思列宁主义、毛泽东思想、邓小平理论、"三个代表"重要思想、科学发展观及习近平新时代中国特色社会主义思想为理论指导，我国经济实力、文化实力、科技实力、国防实力、综合国力等进入世界前茅，我国的国际地位得以提升和巩固，中华民族的面貌也发生了翻天覆地的变化，中华民族已经以崭新的姿态屹立于世界的东方。中国特色社会主义已经进入了新时代！

毛泽东主席说："世界是你们的，也是我们的，但是归根结底是你们的。你们青年人朝气蓬勃，正在兴旺时期，好像早晨八九点钟的太阳。希望寄托

① 习近平：《决胜全面建成小康社会，夺取新时代中国特色社会主义伟大胜利》，2017年10月28日《人民日报》。

在你们身上。"[①]时至今日，习近平总书记在十九大报告上说："青年兴则国家兴，青年强则国家强。青年一代有理想、有本领、有担当，国家就有前途，民族就有希望。中国梦是历史的、现实的，也是未来的；是我们这一代的，更是青年一代的。中华民族伟大复兴的中国梦终将在一代代青年的接力奋斗中变为现实。"[②]不仅如此，党的十九大报告更为青年擘画了到本世纪中叶的美好未来与光明前景，"从现在到二〇二〇年，是全面建成小康社会决胜期；从二〇二〇年到二〇三五年，在全面建成小康社会的基础上，再奋斗十五年，基本实现社会主义现代化；从二〇三五年到本世纪中叶，在基本实现现代化的基础上，再奋斗十五年，把我国建设成富强民主文明和谐美丽的社会主义现代化强国"[③]。遥想本世纪中叶，我辈正值人生壮年，必将担负起建设社会主义现代化强国的重担，必将承担起实现中华民族伟大复兴的历史使命！中华民族正在世界民族之林崛起，东方的雄狮正在苏醒，我们青年人正富有旺盛的活力和生命力，正富有激情和理想，正富有创造性和创新性，正渴望知识和满腔热血，也应该同党和国家的步调保持一致，坚持党的领导，认真学习，不忘初心，德智体美劳全面发展，为国家的富强、人民的幸福安康、中国梦的实现而添砖加瓦！

"时代是思想之母，实践是理论之源。"[④]习近平总书记的报告掷地有声、振聋发聩、发人深省。我作为山东大学成仿吾英才班的一名"小青马"，作为实现中华民族伟大复兴、建设社会主义现代化强国的中坚力量，我们必须要有扎实的马克思主义理论功底，善于用马克思主义理论分析问题、解决问题。

---

① 毛泽东：《希望寄托在你们身上——重温毛主席在莫斯科大学接见中国留学生的讲话》，莫斯科：http://www.360doc.com/content/18/0212/15/49753595_729578749.shtml，360个人图书馆网，2018年6月23日。

② 习近平：《决胜全面建成小康社会，夺取新时代中国特色社会主义伟大胜利》，2017年10月28日《人民日报》。

③ 习近平：《决胜全面建成小康社会，夺取新时代中国特色社会主义伟大胜利》，2017年10月28日《人民日报》。

④ 习近平：《决胜全面建成小康社会，夺取新时代中国特色社会主义伟大胜利》，2017年10月28日《人民日报》。

党的十九大报告中指出，中国特色社会主义进入新时代，我国社会主要矛盾已经转化为人民日益增长的美好生活需要和不平衡不充分的发展之间的矛盾。[①] 马克思主义认为矛盾是事物发展的动力，社会基本矛盾是推动社会发展的根本动力。矛盾既具有普遍性，又具有特殊性。矛盾分析法要求我们善于分析矛盾的特殊性，不同事物有不同的矛盾，同一事物的矛盾在不同发展过程和发展阶段各有不同特点。中国特色社会主义进入了新时代，人民对美好生活需要日益广泛，不仅对物质文化生活提出了更高的要求，而且在民主、法治、公平、正义、安全、环境等方面的要求日益增长。同时，随着我国生产力水平的显著提高，发展不平衡、不充分的问题更加突出，已经成为不能满足人民日益增长的美好生活需要的主要因素。分析矛盾特殊性的意义就在于，它既能科学地认识事物，又能正确地解决矛盾。只有如实地分析矛盾的特殊性，才能认清事物的本质和发展规律，才能采取正确的方法去解决矛盾。具体问题具体分析是马克思主义活的灵魂。

实践出真知。马克思主义认为实践是认识的来源，实践是认识发展的动力，实践是检验真理的唯一标准，实践也是认识的最终目的。中国共产党通过实践认识世界并且改造世界。改革开放初期，我们党便发出"走自己的路，建设中国特色社会主义"的伟大号召。九十七年来，为了实现中华民族伟大复兴的历史使命，我们党初心不改、矢志不渝，敢于面对曲折，勇于修正错误。通过实践来检验真理，开辟合乎时代潮流、符合基本国情的中国特色社会主义道路。在中国特色社会主义实践发展中，中国共产党又形成了习近平新时代中国特色社会主义思想。习近平新时代中国特色社会主义思想，是对马克思列宁主义、毛泽东思想、邓小平理论、"三个代表"重要思想、科学发展观的继承和发展，是马克思主义中国化的最新成果。时代在变，中国也在变。只要我们聆听时代之音，绷紧时代之弦，勇于坚持真理、修正错误，二十一世纪中国的马克思主义一定能够展现出更强大、更有说服力的真理力量！

① 习近平:《决胜全面建成小康社会，夺取新时代中国特色社会主义伟大胜利》，2017年10月28日《人民日报》。

历史的车轮滚滚向前，时代的潮流浩浩汤汤。前世之事，后事之师。实践表明，历史只会眷顾坚定者、奋进者、搏击者，而不会等待犹豫者、懈怠者、畏难者。“少年智则国智，少年富则国富，少年强则国强……少年雄于地球则国雄于地球。”[1]我们青年学子，尤其是作为青年马克思主义者，须坚定理想信念，不忘初心，志存高远，保持艰苦奋斗、脚踏实地、求真务实的优良作风，认真体会新时代中国特色社会主义思想的精神实质和丰富内涵，用正确的思想理论来武装自己的头脑，为中华民族伟大复兴的中国梦而奋斗。

① 梁启超：《少年中国说》，陕西师范大学出版社2009年版，第6页。

下篇　青·感

春华秋实，浮云朝露；暑往寒来，地久天长。

习近平总书记说：“为实现中华民族伟大复兴的中国梦而奋斗，是我们难得的人生际遇。”在这一年中，“小青马”们为成为社会主义的优秀建设者和接班人，积极接受了各项锤炼。期间，他们以成长代笔，用心路写诗，将进入班级以来的收获与感触写成了随笔集。

这些文字，或是由一场授课而引起的价值观自省，或是由一本名著而启发的人生路思考，或是由一股思潮而点亮的理想之光……字里行间，处处都体现着青年马克思主义者的梦想温度与人生态度。

接下来，让我们研读这一篇篇随笔，静观他们的内心独白，聆听他们的铿锵之声。

五四遇上九九

孙文菊*

99 周年前，爆发了撼动时代的五四运动，在科学、民主、爱国、民族的思想指引下，缓缓拉开了中国崭新纪元的大幕。99 年后的今天，我们的国家已经前所未有地富强起来，我们正在以开放包容的心态跑步进入新时代，值此五四运动 99 周年之际，我想和大家谈一点对青年人的思考。

我们为什么要思考？如叔本华所言："真正独立思考的人，在精神上是君主。"一个人只有对自己知道的事情加以仔细思考，那些经过深思熟虑的东西才能成为他的真知。只有当一个人把他的所知结合各方面来考察，把每一真知相互比照之后，他才能真正理解、掌握这些知识，并使其为己所用。

青年人为什么要思考？在电影《无问西东》里，文科偏长的吴岭澜迷茫于社会需要与自身所长，他向清华校长梅贻琦询问，什么是真实？他在楼梯上看着饰演话剧的同学们，他穿过人群到图书馆听关于泰戈尔的讲座，他行走在水木清华的木廊上，看雪天的青年学生们拉小提琴。他说，那一刻，我从思索生命意义的羞耻感中释放出来。希望你们在今后的岁月里，不要放弃对生命的思索、对自己的真实。青年人的价值取向决定了未来整个社会的价值取向，而青年又处在价值观形成和确立的时期，因此在青年时思考是必要而不可缺少的。一代人有一代人的使命，一代人有一代人的担当。历

* 作者为山东大学成仿吾英才班第一期学员，山东大学外国语学院 2016 级本科生。

史和现实都告诉我们，如果连青年人都不去思考，这个社会就只会浑浑噩噩，再无生机。

我们思考什么？或者说，我最近思考了什么？很多事情就像雨天溅起的水花，一朵一朵，显眼，但逝去得太快。

我还记得去年的"红黄蓝事件"。那个时候，群情激愤，义愤填膺，面对无知无辜的孩童，每一个有良知的人都忍不住表达自己对于那种令人发指的行为的痛恨之情。但是，后来的事情超出了大众的预估，官方的言论证实在这个案件里存在太多的谣言，但是这个时候大家已经不相信了，公权力失去了权威性，陷入了"塔西佗陷阱"。很快，我们开始反思自己，是不是太过情绪化，在一次又一次被谣言牵着走之后，大家终于静下心来，客观耐心地等待事态发展，更成熟也更理性了。

但是，当大家都变得谨慎了，按捺着，等待着，观察风向，发表言论，点到即止，这个社会忽然呈现出一种奇异的安静。

无论何时，我都始终相信公权力，因为这是我们国家的支柱，如果连自己的人民都不再相信公权力了，这个国家就失去了支柱，这个国家又何谈立国？我同样承认，公权力应当适时引导社会舆论，并且深切认同应当控制过激虚假言论，避免大众情绪被境外势力的恶意言论挑动。

青年人的热血不会冷，也不会心寒，无论何时，青年人都有着自己对社会、对国家的信仰。年轻人是什么样的，世界的未来就是什么样的。

当许多同龄人都陷于时代的车轮下，那些能幸免的人，不仅因为坚强，更因为信仰。不用害怕圆滑的人说你不够成熟，不用在意聪明的人说你不够明智，不要照原样接受别人推荐给你的生活，选择坚守，选择理想，选择倾听内心的呼唤，才能拥有最饱满的人生。

新青年之时代责任

——结合现代性虚无主义话语分析

李好男*

很久以来我一直想谈一下"新青年"。什么是新青年？做什么样的新青年？是穿着潮流服饰、手拿名牌包的"时尚达人"，还是圆滑处事、左右逢源的机会主义者？

在我看来，这都不是新青年。甚至说，现如今我们的很多青年都不够"新"。回望历史，以陈独秀为代表的一系列优秀青年人于1916年创办了《新青年》杂志，初期的《新青年》在哲学、文学、教育、法律、伦理等领域向封建意识形态发起了猛烈的进攻。每个青年人心中都充满了爱国豪情与对知识、对真理的近乎虔诚的向往。

那么新青年究竟新在哪儿呢？随着时代的变化，对它的含义也有着不同的阐释。但是，它的核心内容永远都不会变。那就是永远保持青春的激情与活力，始终对未知怀有热忱，始终用赤诚的内心来面对外部世界。

新青年应该有饱满的激情与活力。青年时期的邓小平是一个狂热的球迷，在法国留学期间，为了看一场球赛，生活拮据的他，变卖了自己身上的皮夹克，换钱来买球票；习近平总书记在延安插队期间，白天干农活，晚上挑灯夜战，熬夜读书。

* 作者为山东大学成仿吾英才班第一期学员，山东大学管理学院2016级本科生。

我们都是青年人，但是我们有多少激情与活力呢？现在，一些青年不知道从什么时候开始变得得过且过，变得没有激情，变得懒散没有规律。感情中内在的深刻性被抽离，很难对生活中出现的事情保持专注，更不用说燃起浓厚的兴趣了。做事三分钟热度，间歇性踌躇壮志，很多同学聊天的时候，偶尔也会想起自己几个月前或几年前的雄心壮志，然后就是一阵唏嘘。

新青年应该有其鲜明的价值追求，并且这份价值追求应该经得起时代的检验。青年时期的毛泽东，曾为中华民族的明天而困扰不已，愁绪难消。你可能不知道，周恩来总理将积蓄全数上交党组织。

当今社会，有一部分人的投机思想严重，哪里有利益就去哪儿；谁那儿有好处，就投奔谁。入党初期口口声声说爱党爱国，拿到利益之后，便在背后开始做一些辱国骂党的勾当。

田佳良辱国的事例虽然是个极端案例，但是却也能够反映出一些普遍问题。当下社会的物化境遇确实是十分严重。很多学生现在习惯于拿荣誉换荣誉，用荣誉来证明自己所谓的优秀，这种逻辑像极了资本的逻辑，用资本来换更多的资本，用资本来证明自己的价值。种种行为令人唏嘘。

在这种极致的利己主义、功利主义背后，从更深的层次的来看，还是价值虚无主义症候在作祟。尼采在19世纪后半叶指出："到了20世纪，在一种虚无主义的狂热中，他们会把整个欧洲变成一个屠宰场。"[①]从此，他全面拉开了虚无主义研究的大幕。当一切都可以被怀疑的、被质疑的时候，千百年来，崇高价值对人性的束缚也经历溃堤般的坍塌。

启蒙给我们理性、自由和科学。但是，一旦资本出现之后，资本迅速取代了启蒙价值观而成为了现代人生活中的类似于信仰的东西。人的主体性特征正在弱化，物化特征却不断地增强。就像我们战略管理课老师所说的：机器正变得越来越像人，而人却变得越来越像机器了。当资本遇到虚无主义的时候，世界便开启了现代性的大门。资本、大工厂、商业逻辑、绝对理性开始去主宰世界。

---

① ［德］尼采著，陈苍多译：《我妹妹与我》，文化艺术出版社2003年版，第307页。

让我们再回到青年的价值观念的培育上来。如何在社会不断地发展过程中，更好地克服价值虚无主义的弊端？我觉得习近平总书记的一句话说得特别好："人民有信仰，民族有希望，国家有力量。"信仰力量确实是克服价值虚无主义的一剂良药。我们在成长过程中，应该有意识地挖掘自己个性当中"真善美"的元素，并且围绕这些，逐渐建构自己的价值体系，最终才可以形成坚定的信仰。

在我们这个时代，价值追求越发多元化。每个人都有选择自己想要的生活的权利，价值追求虽没有高低贵贱之分，但有崇高与自私之别。崇高的价值追求往往都有一个特点，那就是大我性。在这样的世界中，他不是一个人，往往还会有父母、同学、同胞，甚至是全人类。这样的价值追求一定带有某种神性的色彩，它们的内核中包含着对于自然、生命与生活的敬畏与热爱。

如果你想成为一名人民教师，你看重的不是生活中实际的物质回报，而更多的是看重这份职业带来的教书育人的神圣感，那么，我们就可以说，你的价值追求是神圣的。价值追求的高尚与否，往往不取决于你想成为什么人，而取决你为什么想成为这样的人。

生活中，很多同学跟我开玩笑，说我像个"老干部"。我认为除了自己平时打扮保守、气质老成之外，成仿吾英才班学员的身份也是个关键的因素。

可能，大家对"老干部"这个词的玩味更多的是一种玩笑，不知道类比于娱乐圈"老干部"霍建华，有没有异曲同工之处。如果是这样的，那这样的称谓可谓是一种很大的褒奖。因为这样的人往往喜欢与时代潮流的东西保持一定的距离，让自己的生活更加安静。因为真正的成长从来都是在安静的氛围中来的。你的思考、自省与感悟，需要这样的环境。

我们为什么要“红”

郭胜豪*

苏联部长会议原主席雷日科夫写的《大国悲剧》一书，详细介绍了苏联最后几年的情况，介绍了苏联解体的来龙去脉。读完之后，细思极恐。同样处于改革攻坚期的苏联最初只想烧把火“暖和”一下，最终却把“房子”烧着了，滑向了亡党亡国的深渊。我认为书中列明苏联解体的原因主要有两个：一是戈尔巴乔夫等苏共领导人的变色，二是苏共在意识形态领域的溃败，陷入历史虚无主义，放弃了马克思主义，放弃了共产党的领导。

当下的我们呢？

改革开放以来，经济快速发展，社会发生了翻天覆地的变化。尤其是对青年大学生而言，我们更是面临日益沉重的竞争压力、学习压力、考研压力、就业压力、经济压力……为了自身的发展我们不得不做出一些改变。这些都是导致我们价值观跑偏的重要原因。处在这么一种社会语境和大氛围之中，我们被裹挟了，我们别无他法，我们只能去适应。在此过程中，我们开始分化，呈现出两种截然相反的状态。一种是紧跟社会发展大潮，唯恐被落下，削尖脑袋往前挤。急功近利、精致的利己主义者、拜金主义成为他们的代名词。另一种就是佛系青年了，任尔东西南北风，我自岿然不动，怎么都行，爱咋咋地。两者的共同特征就是焦虑和虚无情绪的滋生。

* 作者为山东大学成仿吾英才班第一期学员，山东大学历史文化学院2016级本科生。

社会存在决定社会意识，市场经济快速发展的社会现实必然会导致重视物质的社会思潮。但我们不能被裹挟，听之任之，我们必须改变，要自己给自己当家作主。

另一现象是同学们对"又红又专"的事物采取了避而远之的态度，说起这个词时所表露的感情是复杂的。当我们在说"又红又专"的话，做"又红又专"的事时，有人会莫名其妙地笑。但是，我认为，大部分同学只是在盲从随大流，仅仅因为身边的人都这样，他们只是为了合群才这样表现。大部分同学对于马克思主义的态度绝不是反对，更多的是觉得"枯燥"，但是马克思主义真的有那么枯燥吗？更何况，有多少人真正读过马克思主义的经典著作。因此，我认为大部分同学所反感的只是背题、考试、陈词滥调和套路，而不是马克思主义本身。的确，不管是一种思想抑或是其他的任何东西，如果被"妈妈的唠叨"式的说教说上十几年，甚至几十年，谁都会烦。要想"相看两不厌"，只能打破这种低效甚至适得其反的填鸭式的传授方式。

这种反感如果被错误引导，就会跑偏。经济全球化、互联网技术的发展加剧了各种思想的交流碰撞，越来越多的外国腐朽思想涌入我国，于是，很多人被带到沟里去了。越来越多人对党的拥护和忠诚、对社会主义的热爱、理想信念的坚定只是存在于各种表格上，而私下里，他们只是为了能更好地评奖评优，更好地就业。更有甚者，盲目推崇西方式自由民主，却全然不顾中西方连普通人的"衣食住行"这些最基本方面都存在巨大差异的客观事实。他们只是批判、反对，却从不去想后果只想"破"，却不去想如何"立"。如果真的实现了西方式的所谓的民主自由，中国会怎么样？或许，他们也觉得我们的确在变好，只是太慢了，现实的改革情况离自己的期待过于遥远，但过快的、剧烈的改革真的好吗？戈尔巴乔夫的"人道的、民主的社会主义"以及"500天计划"直接终结了苏联的性命。

马克思主义是随着历史的前进而不断丰富发展的。马克思主义所提出的社会问题仍未解决，其提出的历史环境、历史条件并未发生根本改变：价值规律形成于人们的商品交换之中，却在无形之中支配着人们；当代社会呈现在人们面前的是非人格化的庞大的物的结晶体，人与人之间的关系更多的是数的关系、物的关系，数的关系统治了世界；异化、物化现象愈加严重……而这些，恰是当下困扰青年内心世界的根源。

没有信仰是可怕的，在社会碎片化日益加剧的今天，缺乏信仰最容易陷入虚无，因而社会上必须要有主旋律，要有指导思想。否则，对于个人而言，我们就会迷惘，就会整天忙得要死却不知为何而忙，就会埋头跑得飞快却极可能一头撞到树上。

没有信仰的心灵是空虚的，这就是我们为什么要"红"的原因。

新时代随想，“青马”化学人的结业随笔

刘振松*

转眼又到了6月，我在成仿吾英才班为期一学年的学习已接近尾声。回首过往的这一年，在山大团委和各位领导和老师的关爱下，我们每一个人都在不断成长，都在不断敞开怀抱，放飞梦想。我们就好像装饰精美却晦暗不明的小阁楼，是英才班把那一扇扇天窗打开，引进来了清新的风，洒进来温暖的日光，让每一个角落都流动着活泼的生命气息。井冈山的路九曲十八弯，我依然看得见汗珠流过上扬的嘴角，听得见那欢歌萦绕山峦；学术讲座上名家论理，我仍旧看得见大家因疑惑而紧锁眉头，俟请问焉；仿吾学堂经典充栋，杂而陈之，仿佛大家仍在高谈阔论，切磋琢磨；大型会议的会场外，台阶上西装革履的各位笑面如花，等待我按下相机的快门。我好想，好想在郭胜豪深夜赶制PPT的时候，递给他一块点心，抱歉地说一声“辛苦了”；好想和李好男多去几次哲学讲座，多问他几个我没有听懂的问题；好想多读几本“闲书”，压榨出自己的思考和感悟，给亓文豪的公众号再贡献一两篇自己满意的推文；好想再坐在酒店的椅子上，和刘凯然哼唱《国际歌》，谈天说地直到夜深，我对他谈自然科学，他教我人文社科；好想再躲到阳台上，一边抱怨着宿舍的网络，一边和仿吾成城小组纠结答辩的思路；好想再与和蔼的程英老师交谈我们的学习生活和未来展望；好想再在董沐夕老师面前

---

* 作者为山东大学成仿吾英才班第一期学员，山东大学化学与化工学院2016级本科生。

调皮一下,然后给她一个温暖的拥抱。于是,我不得不感叹生命的奇妙,因为我们总会在人生的某些节点,受到无缘由的赐予,或是智慧,或是感动,或是师恩,或是友谊。这赐予将改变我的人生轨迹,并让我受用一生。

翻开这本红色学习笔记,一年来大师们论理掷地有声、运斤成风的情形又浮现在我脑中。很惭愧,经过这一年的学习,我却没有对自己的专业和人生做一个更深层的审视。所以我今天鼓起勇气,尝试用一个化学专业青年马克思主义者的视角,回顾中国共产党第十九次全国代表大会报告,看一看我们的新时代,看一看怎么才更能做好化学人,如何才更能做好新青年。

"中国特色社会主义进入新时代,意味着近代以来久经磨难的中华民族迎来了从站起来、富起来到强起来的伟大飞跃。"[①]新时代,中国以全新面貌、全新姿态屹立在世界东方,彰显着大国风采。方雷教授说:"大国心态要求国民有大国国民心态。"这就要求我们新时代的中国人,更加自信,更加平和,不卑不亢,中不偏,庸不易。当提到自信这个话题,我认为,我们目前还缺少一种对自身培养人才方式的客观认同。从时间维度上看,是传统方式与"现代"方式的冲突。现在很多的人都更加倾向于使用新颖的教学方法,并且认为原有的教学方法较低效。比如一些人认为使用 PPT 进行课程教学是更加先进的手段,而使用粉笔书写则是落后的手段。我个人根据主观感受反倒觉得,很多课程在使用板书教学的时候,更容易被学生们消化和吸收。所以,前一种观点在未经调查和实验验证的情况下,是一种偏见。从空间维度上看,是中国方式和外国方式的冲突。随着我们观察世界的眼光越来越开放,我们更容易发现其他国家教书育人模式的优点,于是我们开始模仿,开始学习,而渐渐有了照搬照抄的倾向。我个人自中学以来,常常听到一些教师谈起关于所谓启发式教学与灌输式教学,关于"苏格拉底式教学"和"孔子式教学"的思考,我也受到这种观点的影响。而今天,我认为,对于外来的教学模式,我们要批判性学习,要充分考虑社会基础、文化基础、教育

① 习近平:《决胜全面建成小康社会,夺取新时代中国特色社会主义伟大胜利——在中国共产党第十九次全面代表大会上的报告》,http://www.gov.cn/zhuanti/2017.10.27/content.5234876.htm,中国政府网,2018 年 6 月 23 日。

制度等多个方面，不能盲目效仿。他山之石，可以攻玉，然他山之石非玉也。这才是作为知识分子面对人才培养应有的大国心态。

“世界命运握在各国人民手中，人类前途系于各国人民的抉择。中国人民愿同各国人民一道，推动人类命运共同体建设，共同创造人类的美好未来！”人类命运共同体，这是中国开展大国外交最美丽的名片，也正是大国心态的最好注解。我认为，提出人类命运共同体这一概念，至少有如下的三个出发点：(1)“计利当计天下利”的中国传统天下观；(2)马克思主义的全人类视角；(3)对当今资本主义世界“零和博弈”观念的破除。由此，我推想，我们所有自然科学从业者，是否能形成“自然科学学术共同体”的这一观念呢？肖金明教授说：“学科发展要以学者为中心，以学者为主体。”所以我认为，作为自然科学从业者，应该承担自身作为自然科学发展主体的义务，要积极主动，在参与建立专业知识体系之外也要从制度上审视科学研究，不能只关注自身的学术名声、学术利益，也不能寄希望于非学术管理人士的“灵机一动”。

那么，为什么要推动制度的变革呢？王宏波教授说：“社会模式的更替是社会过程演进的基本特点。”如果我们的科学研究制度一直没有发生实质上的变化、运动、前进，那就意味着我们的学科发展动力还不够充足。十八大以来的五年里，“我国国际影响力、感召力、塑造力进一步提高，为世界和平与发展做出新的重大贡献”[①]。在国际政治外交方面，我们正在走向国际舞台中央，我们通过自身政治经济的建设和发展为世界提供了“中国智慧”，给出了“中国方案”；但在自然科学方面，我们自身的资金管理、人才培养、学术氛围等等诸多方面建设却远远不够完善，我们仍有待形成“中国智慧”，这将是我们未来发展的方向。当我们进一步打开视野，会发现，国际的自然科学发展，也仍有待解决的问题。以科学期刊问题为例，《澎湃新闻》网一篇文章提道：“2005 年德意志银行的一份报告称之为‘三重买单’的怪诞‘系统’：‘国家资助了大部分研究项目，为检验研究质量的科学家支付薪水，然后还

① 《新时代中国外交凸显影响力感召力塑造力》，http://theory.people.com.cn/n1/2017/1124/c40531-29665621.html，人民网，2018 年 9 月 5 日。

要购买大部分出版成果。'"[①]因此,科学期刊出版商通过这种运作模式,以极低的成本攫取暴利。刘森林教授说:"马克思认为,资本的逻辑,是把一切都变成自我壮大的工具和手段,把一切的崇高和神圣都虚无化、消解掉。"目前我们知道,针对这种情况,民间有一部分力量致力于将自己的学术成果贡献给非营利性的网站,以期在全世界层面上在所谓的"自然科学学术共同体"内无偿进行学术交流。这些说明人们已经认识到了目前科学成果发表的模式是有缺陷的。大道之行也,天下为公。科学是世界的,是属于全人类的,因而我们站在人类进步的全局上考虑,就必将把为"自然科学学术共同体"提供来自中国的"中国智慧""马克思主义智慧"看作我们科学建设发展的长远目标。"培养造就一大批具有国际水平的战略科技人才、科技领军人才、青年科技人才和高水平创新团队。"[②]这既是十九大针对中华民族伟大复兴所提出的强国要求,也是中国推进人类命运共同体共识的形成、积极主动参与到国际各方面事务建设的一个体现。

"青年兴则国家兴,青年强则国家强。青年一代有理想、有本领、有担当,国家就有前途,民族就有希望。中国梦是历史的、现实的,也是未来的;是我们这一代的,更是青年一代的。中华民族伟大复兴的中国梦终将在一代代青年的接力奋斗中变为现实。……广大青年要坚定理想信念,志存高远,脚踏实地,勇做时代的弄潮儿,在实现中国梦的生动实践中放飞青春梦想,在为人民利益的不懈奋斗中书写人生华章!"[③]这是党对青年的期望,也是青年在新时代自我发展的人生定位——以青春之我,创建青春之家庭,青春之国家,青春之民族,青春之人类。这里,我以身边的化学青年为落脚点,谈谈我对青年知识分子应当具备何种气质的认识。

---

① 盛韵:《外刊深读|科学期刊的巨额利润还能赚多久?》,2017年7月13日,https://www.thepaper.cn/newsDetail_forward_1729259,2018年6月7日。

② 习近平:《决胜全面建成小康社会,夺取新时代中国特色社会主义伟大胜利——在中国共产党第十九次全面代表大会上的报告》,http://www.gov.cn/zhuanti/2017.10.27/content.5234876.htm,中国政府网,2018年6月23日。

③ 习近平:《决胜全面建成小康社会,夺取新时代中国特色社会主义伟大胜利——在中国共产党第十九次全面代表大会上的报告》,http://www.gov.cn/zhuanti/2017.10.27/content.5234876.htm,中国政府网,2018年6月23日。

青年人,当关住虚无主义的闸门,挺直腰板,做这个世界走向未来的支点。刘森林教授说:“价值虚无主义,就是人停止对崇高价值的追求。”当下一些基础学科的青年学生受社会不良风气影响,在学习专业知识的过程中,实用主义心态过盛,而丧失了学习和发展自然科学以及用以认识世界的崇高感和用以改造世界的使命感。在化学院学生身上,可以看出两个较为突出的现象。一是,一些青年学生将学习目标仅仅局限于自身利益,而不关注应用技术和自然科学的长远进步。方雷教授说:“理论的魅力在于思想的分享。”学者对于专业领域的探索,往往都是具有思想魅力的,换言之,都是具有“美”的。无论理论研究还是实验研究,单纯以能否保证稳妥地“变现”为高影响因子文章作为研究的唯一价值判断,都是可悲的,它意味着这位研究者失去了身为科学人的青春活力。二是,随着国力强盛,我们的物质条件在不断改善,科研设备的功能也在不断地提升,这个时候,一些青年学生开始轻视基础知识、基础技能的学习,逐渐接受了知其然而不知其所以然的状态。我身边的许多同学都已经进入化学实验室,进行科技创新实验。有一些同学,在不断接触科研的过程中,越发只注重实际科研的思路和技艺,而不关心对于化学学科的整体性、系统性、基础性认识和学习。张光明教授说:“如果一门学科把需要论证的词汇当作不可动摇的出发点,那么这门学科非常不完备。”要想在学术上做出更有深度、更有广度的接触成果,研究者自身必须要有足够扎实的基础知识,对学科中那些“无用”的基本概念有清醒的认识。君子以除戎器,戒不虞。我们青年学生要潜沉下自己的内心,扎扎实实地坐住冷板凳,在心中重新树立起对基础理论思想体系的尊重,抛弃科学研究全靠运气的观念,丢掉幻想,以更大的信心去做出更有质量的成果。

青年人,要解放思想,摒弃学科内部及学科之间的相互鄙薄,用两条腿走路,探索走向未来的道路。目前基础学科的学生偶尔持这样的一种观点:只有基础研究,只有用来发表学术论文的科学研究,才能登上大雅之堂,而侧重于应用,探索实际生产的研究,则是“庸俗”的,是远离“大道”的。刘冰教授说:“成长的本质是认知升级:别人并非更聪明,而是自身与之有认知差异。"我认为,以上的所谈的观点,正体现出一种认知上的落后,而这种认知错误必须加以克服。郭新立教授说:"大学的变革方向,正是与社会越来越紧密。"当代中国高校的发展,正越发地面朝学科建设与社会进步相结合的方向,因此应当说明,在保证基础研究与经济利益相对独立的同时,应用研究要更加面向实际生产问题,并且应当得到青年学生同等的重视和尊重。这也要求我们广大的高等教育工作者,在日常的教学中对学生们加以适宜的引导,避免学生形成厚此薄彼的错误观念。

青年人,要辨察社会动向,审视时代潮流,将自身发展与外部环境有机结合起来,将自己的热血与激情注入新时代的大动脉中去。一方面,以山东大学为例,《山东大学世界一流大学建设方案》提出:"重点建设5个优势学科领域,打造世界一流学科:(1)数学与数据科学;(2)化学与物质科学;(3)材料及加工制造;(4)中国古典学术;(5)临床医学与重大疾病,其中化学与物质科学以化学学科为核心,涉及物理学、环境科学与工程等学科,主要有合成化学、物理化学、环境化学、粒子科学、凝聚态物质科学等重点研究方向。目标是到2020年,化学学科在保持ESI世界排名前1‰的基础上,位次进一步前移。"[①]作为青年化学人,要紧紧抓住这样的契机,充分利用这样的优质平台,尽可能扎实地打好专业功底,向优秀学者学习学术思维、学术能力、学术视野。另一方面,前文我们提到了青年学生应当对应用研究有充分的重视。那么青年人选择从事应用研究,应当做何等选择呢?我认为,要将手中的研究问题与社会变化、时代发展相结合。徐艳玲教授说:"时代划分的依据是人类社会的基本矛盾。"新矛盾带来新动力,化学学科正当创造社会价值的时代。下面仅仅以绿色化学为例来说明这个观点。

目前我们正在从工业文明进入生态文明,我们对于自然资源的获取方式正在逐渐发生变化。"加快建立绿色生产和消费的法律制度和政策导向,建立健全绿色低碳循环发展的经济体系。构建市场导向的绿色技术创新体系,发展绿色金融,壮大节能环保产业、清洁生产产业、清洁能源产业。推进

① 山东大学学科建设与发展规划部:《山东大学世界一流大学建设方案》,2017年12月28日,http://www.fzgh.sdu.edu.cn/info/1004/2962.htm,2018年6月7日。

能源生产和消费革命，构建清洁低碳、安全高效的能源体系。推进资源全面节约和循环利用，实施国家节水行动，降低能耗、物耗，实现生产系统和生活系统循环链接。"[①]十九大报告明确阐述了绿色发展的重要性，并继续将"绿色"作为五大发展理念的重要一环。现代工业的环境污染，究其主体，实则是来也化学，去也化学。一方面，化学化工产品生产导致的环境污染，正是由于社会消费对于此类产品的极大需求与合成策略、生产工艺的缺陷不足之间产生了矛盾，因此消除化学污染，正应当从化学研究入手，从核心处、根本处解决污染问题。另一方面，绿色发展需要开发新能源，而开发利用新能源必然要求以更好的方式设计合成更加实用的新材料，而这也正是化学工作者们的"主场"。总而言之，新时代，化学学科在应用领域必将大有可为，广大的化学青年们若抓住历史机遇，将更有机会成就自己的事业，实现自己的社会价值。

最后，再次感谢董沐夕老师、程英老师以及共青团山东大学委员会和马克思主义学院各位领导老师对我们的关爱呵护。而这篇随想的完成，要感谢成仿吾英才班丁嘉琪同学、王宇辰同学等的优秀文章给我带来的启发，也要感谢化学与化工学院2016级化学基地班的同学们关于进一步认识化学学科的一些交流讨论，没有你们的帮助，这篇拙作很难成型。我从英才班大家庭中获得的感动和情谊，必将促进我不断学习下去，不断成长下去。

爱你，温暖的成仿吾英才班。愿你乘风破浪，永远航行在时代的潮头，永远以理想信仰的璀璨光芒引领青年！

① 习近平：《决胜全面建成小康社会，夺取新时代中国特色社会主义伟大胜利——在中国共产党第十九次全面代表大会上的报告》，http://www.gov.cn/zhuanti/2017.10.27/content.5234876.htm，中国政府网，2018年6月23日。

从当代社会主义视野评中国青年马克思主义者的挑战与机遇

王　颢*

随着中国共产党第十九届全国代表大会的顺利召开，中国特色社会主义大踏步地进入了新时代。尽管经历了极不平凡的五年，取得了举世瞩目的成就，共产党人的初心与使命仍坚持不变，砥砺前行，敢为人先。作为新时代的青年马克思主义者，应争当时代弄潮儿，从容面对新时代的挑战与机遇。本文将从社会主义大视野的基础上，结合新时代特色，评述中国青年马克思主义者所面临的一系列挑战与发展机遇，鼓舞新时代青年勇于磨炼自己，成为中国梦实现的中流砥柱。

一、全球化趋势加速，双刃剑影响加深

全球化自20世纪80年代出现以来，一直是飞速发展的社会潮流，在为世界各国尤其是发展中国家带来外部产品与文化的同时，也促生了社会主义在世界范围的危机。计划经济无法对抗消费主义和资本主义经济，左派工人阶级力量开始减弱，最终导致平等派社会主义力量的削弱。① 如何在强调国内平等、迎接外界联系与发展经济之间取得平衡，是社会主义国家迎接全球化的两难选择。大部分平等派社会主义者对全球化妥协，主要表现为：

---

* 作者为山东大学成仿吾英才班第一期学员，山东大学管理学院2016级本科生。

① 徐崇温：《中国特色社会主义道路的世界意义》，《中国特色社会主义研究》2009年第4期。

(1)社会民主主义尽力保持福利国家制度,进行市场改革;

(2)追求介于资本主义与社会主义之间的第三条道路;[①]

(3)东亚等国引入儒家思想来平衡市场不足,淡化不平等;

(4)出现后物质主义的社会主义:更关心种族环境问题,淡化经济问题。[②]

面对这样的国际挑战,作为马克思主义的信仰者,我们首先应结合国家定位,理性分析全球化带来的挑战,当前我国与发达国家的竞赛并非站在同一条起跑线上,国家和我们青年人正面临着严峻的挑战,这背后潜藏的社会问题值得引起每个青年人的注意。其次,应该认识到,中国作为实行改革开放、承担世界责任的大国,必然要顺应全球化趋势,发展中国家尽管落后于发达国家,但存在着借鉴发达国家发展经验的可能性。而如何努力实现市场发展下的社会平等,运用好全球化这把双刃剑,在危机中抓住机遇,乘势而上,则是新时代下"青马"所应该思考的问题。

二、腐败现象滋生,信念危机频发

全球化导致的市场进程必然会带来不平等,同时难免滋生腐败现象。腐败问题向来是所有国家所深恶痛绝的,由于当前人类文明难以匹配人人平等、消除剥削的高级社会关系,加上人性的复杂关系难以控制,腐败问题一直难以根除。

我们党在新时代加大了反腐力度。作为青年人,我们首先要站稳脚跟,坚定立场,坚持党的领导,坚持习近平新时代中国特色社会主义思想和社会主义核心价值观,真正树立坚定的理想信念,树立起全心全意为人民服务的价值观念,只有这样,才能保持思想上的坚定性和纯洁性,使我国的反腐行动立于不败之地;其次,对腐败现象零容忍,对外界文化取其精华,去其糟

① 徐艳玲:《从传统社会主义到中国特色社会主义的历史流变——基于全球化视角的省察》,《理论探讨》2009 年第 2 期。

② 肖巍等:《从世界社会主义发展史看习近平新时代中国特色社会主义思想的意义》,《毛泽东邓小平理论研究》,2018 年第 2 期。

粕，警惕资产阶级思想和资本主义的生活方式等消极腐败的东西，不照搬西方的制度体系，为经济社会发展提供纯净的空间。

三、经济危机与左翼势力发展

美国次贷危机引发的全球性金融危机的余波至今仍在世界范围回荡，持续的低迷与衰退使全世界人民饱受苦难。人们多方探索走出危机的方法，其中世界左翼势力独树一帜，蓬勃兴盛，有力地影响世界经济的格局和走向，成为经济危机以来的新现象。其中，各国共产党工人党国际会议召开，该会议以马克思主义理论作为基础，旗帜鲜明地指出了资本主义危机的本质，表现了在马克思主义的指导下建立完善社会主义制度的实践诉求。[①]

在新的国际形势之下，我们党肩负着同资本主义斗争的责任，在世界处于对社会主义的极大需求的现状下，提出符合国家实际的、有发展前景的行动纲领或目标，引导国家的发展道路，努力复兴社会主义。当代青年马克思主义者负担着推动社会主义运动的重任，同时也要做好同资本主义做长期斗争的准备，不断积蓄力量，抓住时机，努力将社会主义运动推向未来。

四、知识经济兴起与产业革命推动

从唯物史观来看，知识经济是社会主义的新基础，知识经济形态基础上的社会主义是科学的社会主义。知识经济作为比工业经济更先进的生产力，提倡信息与知识的生产要务，在工业经济生产力发展完善之后，知识经济将趋于成熟并开始取代工业经济，资本主义也将逐渐被社会主义所替代。目前的社会主义国家，尤其是中国一类发展中国家，在发展完成工业化之前，就已经开始发展知识化，并且向知识经济过渡了，因而才称当前阶段为社会主义初级阶段。同时，农耕经济、工业经济、知识经济依次进行产业革命，解放生产力的同时也产生了资本主义剥削。但随着知识经济的发展，资本主义已逐步表现出不适应，而社会主义获得了新的机遇。

---

① 李其庆：《“欧洲激进左翼”探析》，《当代世界与社会主义》2014 年第 4 期。

为了使我国在知识经济中处于舞台中央，不可或缺的前提是工业化的支持以及对人力资本的重视。青年马克思主义者既要锻炼自我的信息敏感性，同时也要保持清醒的头脑和判别力，在浩如烟海、信息过溢的知识系统中坚守立场，并积极弘扬正确的信念和价值观。

天行健，君子以自强不息。青年马克思主义者既承担了传承思想的责任，又负担了充当未来国家栋梁的重任，在新时代带来的挑战与机遇中应不断增强自身本领，总结经验，为社会主义事业添砖加瓦，真正成为未来中国特色社会主义的践行者、中国梦的编织者。

附　录

附录一　山东大学成仿吾英才班大事记

——理论教学

2017 年

9 月

9 月 16 日，中国社会科学院信息情报研究院副院长、中国社会科学院中国特色社会主义理论体系研究中心副主任、博士生导师辛向阳研究员应邀在马克思主义学院学术报告厅，就“马克思主义方法论”主题为成仿吾英才班学员做学术报告。

9 月 30 日，山东大学马克思主义学院副院长、博士生导师方雷教授应邀在马克思主义学院学术报告厅，就“大国关系与周边安全”主题为成仿吾英才班学员做学术报告。

10 月

10 月 14 日，山东大学哲学与社会发展学院刘森林教授应邀在马克思主义学院学术报告厅，就“历史唯物主义对虚无主义的批判克服：从马克思与屠格涅夫对比的角度看”主题为成仿吾英才班学员做学术报告。

10 月 28 日，山东大学政治学与公共管理学院博士生导师、教育部人文社科重点基地山东大学当代社会主义研究所所长崔桂田教授，应邀在马克思主义学院学术报告厅，就“世界社会主义大视野大格局大走势中的新时代中国特色社会主义”主题为成仿吾英才班学员做学术报告。

10月29日，西安交通大学马克思主义学院博士生导师、中国工程哲学委员会常务理事、全国高等学校思想政治教育研究会委员王宏波教授，应邀在山东大学马克思主义学院学术报告厅，就"论实践模式的哲学内涵与理论价值——兼谈中国道路与中国模式"主题为成仿吾英才班学员做学术报告。

11月

11月3日至5日，成仿吾英才班学员受邀参加教育部人文社科重点研究基地山东大学当代社会主义研究所主办的"世界社会主义格局变化中的中国特色社会主义"2017年学术年会，聆听参会专家所作的学术报告。

12月

12月9日，山东大学法学院教授、博士研究生导师肖金明教授应邀在仿吾学堂，就"法的意义与法治的价值"主题为成仿吾英才班学员做学术报告。

12月23日，山东大学政治学与公共管理学院教授杨岭华应邀在山东大学马克思主义学院学术报告厅，就"领导学视域下新一届中央领导集体领导力分析"主题为成仿吾英才班学员做学术报告。

2018年

1月

1月6日，山东大学成仿吾英才班于中心校区明德楼一楼工会厅，举办"'青马'初奔话成长，放歌逐梦谱新章"学期中研讨交流会。

3月

3月17日，山东大学马克思主义学院徐艳玲教授应邀在马克思主义学院学术报告厅，就"新思想回答时代之问"主题为成仿吾英才班学员做学术报告。

4月

4月1日，山东大学管理学院刘冰教授应邀在马克思主义学院学术报告厅，就"社会认知与个人成长决策"主题为成仿吾英才班学员做学术报告。

4月14日，山东大学政治学与公共管理学院博士生导师王成教授应邀在马克思主义学院学术报告厅，就"中国传统治国理政思想——基于老子思想的解析”主题为成仿吾英才班学员做学术报告。

5月

5月5日，山东大学马克思主义学院赵建华教授应邀在马克思主义学院学术报告厅，就“人生定位与成才规划”主题为成仿吾英才班学员做学术报告。

5月12日，成仿吾英才班第一期学员受邀参加“马克思主义与青年使命”主题论坛暨山东省马克思主义理论社团研讨峰会。山东大学博士生导师、济南大学政管学院名誉院长包心鉴教授，就“马克思主义与青年使命”主题为大家做会议主题报告。

5月19日，清华大学马克思主义学院院长艾四林教授应邀在山东大学中心校区明德楼工会厅，就“青年人生与学习的意义”以及“青年的时代责任”主题为山东大学成仿吾英才班学员做学术报告。

附录二　山东大学成仿吾英才班大事记

——实践教学

2017 年

8 月

8 月 15 日，山东大学成仿吾英才班全体学员在山东大学校团委副书记董沐夕，能源与动力学院团委书记、学工办主任任伟的带领下，到达全国青少年井冈山革命传统教育基地，开启了为期 5 天的革命学习与调研之旅。

8 月 16 日，山东大学成仿吾英才班暑期实践教学专题培训班开班仪式举行，全国青少年井冈山革命传统教育基地管理中心宣传推广处处长李友俊出席开班仪式。

随后，学员们前往三湾村、龙江书院、会师广场进行现场实践教学。

8 月 17 日，山东大学成仿吾英才班学员前往井冈山革命烈士陵园、井冈山革命博物馆、茨坪革命旧址群进行现场实践教学。

下午，学员们在全国青少年井冈山革命传统教育基地参加开国将军谢良的女儿谢虹以及王政柱的儿子王延主讲的“革命后代讲家风”活动。

晚上，学员们在基地综合楼参加“井冈山斗争与井冈山精神”专题学习课程。

8 月 18 日，山东大学成仿吾英才班学员进行“红军的一天”主题实践教学活动，前往黄洋界、八角楼、坝上村等地进行现场实践教学。

晚上，学员们在全国青少年井冈山革命传统教育基地综合楼进行“红军的一天”主题分享会。

8 月 19 日，山东大学成仿吾英才班学员前往小井红军医院、小井红军烈士墓进行实践教学。

下午在全国青少年井冈山革命传统教育基地参加“学编红军草鞋”活动。

8 月 20 日，山东大学成仿吾英才班学员前往步云山练兵场、领袖峰、大井村毛泽东旧居进行现场实践教学。

晚上 6 点，举行山东大学成仿吾英才班暑期实践教学专题培训班结业仪式，全国青少年井冈山革命传统教育基地管理中心党群工作处处长钟国华、山东大学马克思主义学院成仿吾英才班负责人兼校团委副书记董沐夕、山东大学能源与动力工程学院团委书记兼学工办主任任伟以及基地带班老师何旭出席了结业式。

2018 年

1 月

1 月 26 日，成仿吾英才班青年宣讲团赴山东省实验中学东校区，进行主题为“新时代，有点潮”的宣讲活动。

1 月 29～31 日，山东大学成仿吾英才班青年宣讲团赴滨州医学院烟台附属医院，参加导医协助志愿服务，并于 31 日在医院报告厅成功举办主题为“十九大，有点潮”的宣讲会。

7 月

7 月 18 日，成仿吾英才班青年宣讲团赴济南甸柳新村第三社区，进行“讲好改革开放故事，承新时代青年使命”主题宣讲。

8 月

8 月 10～16 日，山东大学成仿吾英才班“仿吾青马 · 奋蹄乡村”社会实践团分别奔赴济南市济阳县、槐荫区、章丘区以及长青区四地开展主题为

"改革开放以来农村基层党组织建设及其对乡村振兴战略的影响"实践调研行动。

8 月 26 日～9 月 1 日，山东大学成仿吾英才班"仿吾求知，改革先行"社会实践团赴泰安市东平县中套村开展了为期 5 天的志愿服务及宣讲活动。

附录三　山东大学成仿吾英才班大事记

——社团活动

2017 年

10 月

10 月 14 日，“仿吾求知社”成立仪式在马克思主义学院报告厅举行。

10 月 15 日，山东大学仿吾求知社在仿吾学堂举行了“青马谈”系列活动第一期，活动主题为“与信仰对话：青年的楷模，学习的榜样”。

10 月 19 日，山东大学仿吾求知社在仿吾学堂举行了“青马谈”系列活动第二期，活动主题为“回望十八大以来的辉煌成就，展望十九大描绘的美好前景”。

11 月

11 月 25 日，山东大学仿吾求知社成员代表山东大学参加在南开大学举办的第十一届高校课外理论社团研讨会暨习近平新时代中国特色社会主义思想与青年使命论坛。

12 月

12 月 10 日，山东大学仿吾求知社在仿吾学堂举行了“青马有约”系列活动第一期，活动主题为“与小马哥的故事，青马与小青年的火种传承”，邀请社团导师、马克思主义学院讲师马明冲担任主讲人。

2018 年

4 月

4 月 28 日山东大学仿吾求知社在仿吾学堂举行了"青马谈"系列活动第三期,活动主题为"青音共话新时代——从社会发现角度来看青年价值观的变迁"。

5 月

5 月 13 日,山东大学仿吾求知社成员代表山东大学参加马克思主义与青年使命论坛,聆听包教授讲座。

5 月 17 日,山东大学仿吾求知社在仿吾学堂举行了"青马有约"系列活动第二期,活动邀请了马克思主义学院副教授郑敬斌,活动主题为"从社会发展角度看青年人的价值观变迁"。

后　记

一年中，我们成长了许多。

最初，当我们行走在校园的小道，沐浴着温暖的晨光时，也曾觉得，在这个丰衣足食的年代，艰苦奋斗只是应付公事的场面话而已，但当我们踏进烈士陵园，听到一个个可歌可泣的革命故事时，我们被震撼了。

中国梦的确是伟大的，但是如果每个人都能有适合自己而具体可行的奔跑方式，再大的梦想都会实现。

"坐而论道"只会虚度年华，"知行合一"才是我们需要培养的品质。感谢成仿吾英才班，不仅给了我们一个提高自我的机会，更给了我们一个辐射带动他人一同进步的机会。

作为青年马克思主义者，要志存高远，脚踏实地。我们定当铭记习近平总书记的教导，相信只有在实现中国梦的生动实践中，才能真正放飞青春梦想；只有在为人民利益的不懈奋斗中，才能真正书写人生华章！

在此，感谢共青团山东大学委员会与山东大学马克思主义学院的诸位老师为成仿吾英才班、为我们这些"小青马"们所做的无私奉献！

山东大学首期成仿吾英才班全体学员

2018 年 8 月

图书在版编目(CIP)数据

"青马"奋蹄:山东大学成仿吾英才班"小青马"成长记.第一卷/张熙,马晓琳主编.—济南:山东大学出版社,2018.9

ISBN 978-7-5607-6157-2

Ⅰ.①青… Ⅱ.①张… ②马… Ⅲ.①毛泽东思想—高等学校—教学参考资料 ②中国特色—社会主义建设模式—高等学校—教学参考资料 Ⅳ.①A84 ②D616

中国版本图书馆 CIP 数据核字(2018)第 214386 号

策划编辑:刘　彤
责任编辑:秦大忠
封面设计:张　荔

出版发行:山东大学出版社
社　址　山东省济南市山大南路 20 号
邮　编　250100
电　话　市场部(0531)88363008
经　　销:山东省新华书店
印　　刷:济南静雅彩印有限公司
规　　格:720 毫米×1000 毫米　1/16
10 印张　142 千字
版　　次:2018 年 9 月第 1 版
印　　次:2018 年 9 月第 1 次印刷
定　　价:28.00 元
